LOS MAS INDECENTES
CHISTES SOBRE SEXO
☞

Con cariño para
Erika y Oscar

de Helvecia y Mariano
Ferrari

Agosto 86

PEPE MULEIRO

Los más indecentes
CHISTES
SOBRE SEXO

☞

PLANETA
La Mandíbula
Mecánica

La Mandíbula Mecanica

Dirigida por Diego Mileo

Diseño de cubierta: Mario Blanco
Diseño de interior: Alejandro Ulloa
Ilustraciones de cubierta e interior: O' Kif

© 1994, Pepe Muleiro

Derechos exclusivos de edición en castellano
reservados para todo el mundo:
© 1994, Editorial Planeta Argentina S.A.I.C.
Independencia 1668, Buenos Aires
© 1994, Grupo Editorial Planeta

ISBN 950-742-532-2

Planeta Colombia Editorial S.A.
Primera reimpresión (Colombia): agosto de 1995

Impreso en Colombia - Printed in Colombia

Dedico este libro a todas las mujeres que amé.
No daré sus nombres ya que no se conocen entre ellas y prefiero ahorrarme futuros malos momentos. Sin embargo, dejaré el espacio para que cada una escriba su nombre. En tres columnas estas son todas las mujeres a *las que amé*:

....	....	....
....	....	....
....	....	....
....	....	....
....	....	....
....	....	....
....	....	....
....	....	....
....	....	....
....	....	....
....	....	....
....	....	....
....	....	....
....	....	....
....	....	....
....	....	....
....	....	....
....	....	....
....	....	....

A continuación, la lista de las mujeres que *me amaron*:

....

EL AUTOR

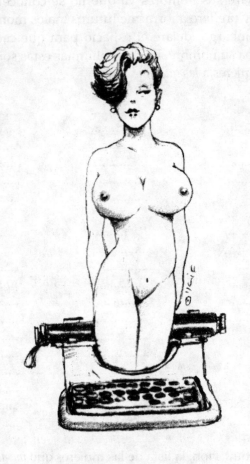

SUBMARINO

—¿Qué es cilíndrico, largo, duro y está lleno de semen?
—*No sé.*
—Un submarino.

HUMOR NEGRISIMO

—*¿Por qué hay fotógrafos especializados en fotografiar mujeres negras?*
—No sé.
—*Para que los monos puedan masturbarse.*

No lo aguanto mas

—Doctor, quiero divorciarme.
—*¿Por qué, señora?*
—Mi marido trae trabajo a casa.
—*Bueno, montones de maridos llevan el trabajo a casa y no por eso sus mujeres van a pedir el divorcio.*
—Mi marido ¡es abortero, doctor!

Diferencias

—¿Cuál es la diferencia entre un paracaídas y un forro?
—*No sé.*
—Si el paracaídas falla, alguien muere...

Soltero y casado

—¿Por qué los solteros son flacos y los casados son gordos?
—*No sé.*
—El soltero llega a su casa, ve lo que hay en la heladera y prefiere irse a la cama. El casado llega a su casa, ve lo que hay en la cama y prefiere ir a la heladera.

EL PRECIO DEL SEXO

La prostituta va al banco de empeño.
Entrega un collar de diamantes para que se lo tasen.
Después de examinar la joya durante un rato, el perito dice:
—*Lo siento, señora, pero me temo que estos diamantes son falsos.*
—¡Oh, no! ¡¡¡He sido violada!!!

¡EL MONSTRUO!

—¿Qué tiene 196 dientes y logra contener a un monstruo?
—*No sé.*
—¡El cierre relámpago de mi bragueta!

SIN HOGAR

El problema de los que no tienen casa en los Estados Unidos es aterrador.
Una mujer negra increpa a su hija:
—Está bien que estemos en la miseria... pero eso no te da derecho a que andes chupándole la pija a los tipos, ¡gratis! ¿Por qué lo haces, hija?
—*Es que así, al menos, me voy a dormir con algo calentito en el estómago.*

POSICION COMODA

—¿Cómo hacen cuatro mariquitas para sentarse en un banquito?

—*Ni idea.*
—Lo dan vuelta.

¡ESA PORQUERIA!

—Mamá, ¿puedo usar corpiño?
—*¡No!*
—Ma, por favor, ¡ya tengo 19 años!
—*¡No, no y no! ¡No insistas más, Rodolfo!*

BIEN EMPLEADO

Hijo adolescente.
—*Mamá: ¡necesito cincuenta pesos!*
—Hijo: ¿no has pensado que en la vida hay cosas más importantes que el dinero?
—*Si, mamá. Pero necesito el dinero para llevar a la cosa importante a un albergue transitorio.*

CON LA BOQUITA

—*¿Qué es una píldora anticonceptiva?*
—Bueno...
—*Es la "otra cosa" que una mujer se puede poner en la boca para no quedar embarazada.*

CON LOS OJITOS

—¿Tu mujer cierra los ojos cuando coge con vos?
—*¡Desde luego! Esa hija de puta ¡no soporta verme disfrutar!*

12

¿QUÉ ES?

Chiste para contar con mímica.
—¿Qué es rojo, vive en una cuevita y sólo sale con bastante humedad, durante el sexo?
(*Saque la lengua*)

MANZANA MARAVILLOSA

—He inventado una manzana con sabor a concha.
Quiero patentarla.
—¡Déjese de joder, hombre! Eso es imposible.
—*Pruebe.*
El tipo prueba.
—¡Hummm, tiene gusto a concha!
—*¡Hágala girar, hágala girar, el sabor no se acaba!*
—¡Hummm, es magnífica!
—*¡Hágala girar, el sabor no se acaba!*
—¡Hummm, es cierto! Tiene un extraordinario sabor a concha.
—*¡Hágala girar, hágala girar!*
De pronto, el tipo hace un gesto desagradable.
—¡Ajjjj, esto tiene gusto a mierda!
—*¡Hágala girar, hágala girar!*

DESEO

"Ayude a crear amor en el mundo:
Cójase a alguien ¡hoy!"

MAS DESEO

—Querida, si aprendieses a cocinar, ahora que estamos ahorrando, podríamos echar a la cocinera.
—*Bárbaro, querido. De paso, podrías aprender a coger así echamos al jardinero.*

HORRORCITO

—¿Qué hace el necrofílico cuando se pelea con su novia?
—*Ni idea.*
—La entierra.

MÉTODO ANTICONCEPTIVO

Un grupo de mujeres negras hablaba sobre sexo.
—*No sé cómo hacés vos para no quedar embarazada.*
—Cierto. Todas nosotras, aunque nos cuidamos, hemos quedado embarazadas.
—*Digamos que practico medidas preventivas.*
—¿Cómo es eso?
—*Muy sencillo. Uso dos platos playos blancos y un cajoncito.*
—¿Y eso?
—*Muy sencillo: a mi marido y a mí nos gusta coger de parados. Yo me desnudo y me echo sobre la mesa de la cocina. Mi marido se sube al cajoncito para alcanzar exactamente la altura de mi vagina.*
—¿Y los platos?
—*Los platos los coloco a ambos lados de la cabeza de mi marido. Justo en el momento en que sus ojos se ponen tan blancos como los platos, ¡le pateo el cajoncito!*

14

Una de gallegos

—Una gallega bautizó *Sífilis* y *Gonorrea* a sus hijos gemelos.
—*¿Cómo se le ocurrió semejante idea?*
—Descubrió los nombres en el certificado médico de nacimiento.

Una de lesbianas

—¿Cómo se detecta un bar ex-clu-si-vo de lesbianas?
—*Ni idea.*
—Ni la mesa de pool tiene bolas.

Una de sida

—¿Qué es peor que tu médico te diga que tenés sida?
—*No sé.*
—Que te lo diga tu madre.

Uno de sangre

—¿Qué tienen en común un hemofílico y una virgen?
—*No sé.*
—Un "pinchazo" y todo se acabó.

Uno de bebés

El profesor de la cátedra.
—Veamos, alumnos. ¿Qué deberíamos hacer con un bebé que ha nacido sin pene?

El más piola de la clase contestó:
—Yo esperaría a que ella tuviera dieciocho años y le daría el mío.

¡SUPERHOMBRE!

—¿Por qué a Luisa Lane le encanta chuparle la pija a Superman?
—*No sé.*
—Porque *la felicidad tiene el sabor de Kent.*

PASAR POR LAS ARMAS

Cacho fue a un albergue con una prostituta.
Apenas la mina se desnudó, Cacho sacó una granada del bolsillo del saco.
Después puso arriba de la mesita de luz una pistola 45, una Uzi recortada y un cuchillo estilo Rambo. Y agregó dos cartuchos de dinamita.
—*A ver, vos: dáte vuelta.*
La mina obedeció sin vacilar.
—*Abríte de gambas.*
La mina se abrió.
El Cacho la empalmó por el culo y durante quince minutos cogió para el campeonato.
Al terminar y mientras la mujer se vestía, el Cacho preguntó:
—*¿Cuánto es?*
—N-n-nnada... nada.
—*No, decíme cuánto es.*
—Te-te digo que que na-nada.
—*Pero no tengás miedo. ¿Cuánto te debo?*

—Bue-bueno. Normal cobro cien. Por el culo ciento cincuenta.

—*Tomá tu guita.*

—No te entiendo, flaco. Primero sacás las armas, después me pagás. *¿Cómo es?*

—¿Sabés qué pasa, flaquita? A mí los culos me gustan *apretaditos, apretaditos.*

Todo adentro

La parejita estaba cogiendo en el auto.
Las cosas se ponían más y más calientes.

—*Metéme un dedo en la concha, Beto.*

El obedeció.

—*Metéme otro dedo.*

El lo hizo.

—*Ahora metéme toda una mano. ¡Así, así! Ahora metéme la otra mano. ¡Así: las dos manos adentro! Ahora aplaudí.*

—No puedo.

—*¿Viste que apretadita la tengo?*

Cosas de gente fina

—*Papá, tengo que confesarte algo.*

—Esperá, hijo. Despido a mis gerentes y te atiendo.

—*Papá, es muy importante.*

—Hijo: en esta reunión estamos tratando la fusión de veinte compañías y una inversión de 400 millones de dólares.

—*Está bien, papá. Te espero.*
Diez minutos después, el importantísimo empresario atendió a su hijo.
—*Papá... quiero decirte que la semana que viene me caso.*
—¿Te casás?
—*Sí, papá. Me caso.*
—¿Y con quién?
—*Con Ramiro, papá.*
—¿Con quién?
—*Con Ramiro.*
El empresario agarró a su hijo por el cuello. Lo zarandeó.
Apretó con fuerza. Con más y más fuerza.
—¿Con Ramiro? ¿Te vas a casar con Ramiro y me lo decís así nomás? Pero, ¿vos estás loco? ¿Estás loco, decíme?
—*Lo amo, papá.*
—Pero, reverendo hijo de puta... ¡Vos no te podés casar con Ramiro! ¡No podés! ¡No podés!
—*Lo amo, papá.*
—Pero, ¡qué lo amo ni qué ocho cuartos! ¿No sabés que ese turro *es comunista*?

¡ESTOS CHICOS!

—*¿Qué tal los chicos?*
—Tengo buenas y malas noticias.
—*¿La mala?*
—La nena le cortó el pito a su hermanito y lo usó como carnada.
—*¡Qué horror! ¿Cuál puede ser la buena?*
—El pejerrey que pescó, ¡estaba delicioso!

¡ESTAS CHICAS!

—¿Cuándo comprobás que tu hija es realmente fea?
—*No sé.*
—Cuando va a una orgía y todos los tipos quieren ponerse a jugar al póker.

SON LA MUERTE

—¿Cuándo podemos decir que un *necrofílico* es respetuoso?
—*No sé.*
—Cuando usa *condones negros.*

A MORDISCONES

—*¿Cuál es la definición más exacta de "confianza"?*
—No sé.
—*Dos caníbales haciendo el 69.*

EN LA PUNTITA

—*¿Qué inscripción llevan impresa todos los condones en la punta?*
—No sé.
—*¿No sabés? Entonces, sos de los que no tienen necesidad de desenrollarlo todo.*

Un turista americano recala en un restaurante de Madrid cercano a la plaza de toros de Las Ventas.

Se entera de que allí sirven la carne de los toros lidiados.

Se acomoda en una mesa pero no sabe muy bien qué pedir porque el menú está íntegramente en castellano.

Echa una mirada a las demás mesas y descubre que su vecino está comiendo un plato que parece apetitosísimo.

Son unas enormes bolas de toro.

Pide inmediatamente eso.

El camarero le explica en su cortísimo inglés:

—*Lo siento, pero este plato debe ser pedido con un día de anticipación.*

El americano encarga, para el día siguiente, el humeante plato.

Cuando llega al otro día y reclama su pedido, le sirven un plato con un par de bolitas insignificantes.

No más grandes que la mitad de un huevo pequeño de gallina.

—Pero, ¿qué es esto?

El camarero se acerca entonces al turista y ensaya una disculpa:

—*Es que, a veces... ¿sabe?, suele ganar el toro.*

VEINTE POLVOS

—Mire, doctor, mañana cumplo ochenta años. He contratado a una prostituta. Quisiera pasar una noche de sexo inolvidable. Usted sabe... a esta edad, quizás ya no habrá otros cumpleaños. ¿Puede usted ayudarme?

—*Vea, abuelo: habitualmente no hago estas cosas. Pero este es un caso excepcional.*

—Lo es.

—*Le voy a dar estas pastillas. Son muy buenas. Creo que le servirán.*

El viejito se va contento.

Esa noche, el médico decide llamar a su paciente. Tiene mucha curiosidad por ver los resultados de las pastillas recetadas.

—*¿Y? ¿Qué tal le ha ido?*

—¡Bárbaro! Ya acabé tres veces.

—*¡Genial! La prostituta debe estar asombradísima.*

—Bueno, no exactamente. Ella todavía no llegó.

¡QUÉ BESTIA!

—*¿Cuál es la ventaja de ser un abortero caníbal?*

—No sé.

—*No tenés que salir a almorzar afuera.*

NO ERA VIRGEN

Un tipo había perdido su empleo.

Se dedicaba a ir, casa por casa, preguntando si había alguna tarea que podía hacer a cambio de comida o unos pocos pesos.

Una solterona le ofreció que limpiase el patio de atrás.

21

Después le ofreció un cafecito, después unas factu-ritas y, finalmente, le ofreció 20 pesos para que se acostara con ella.

El tipo aceptó.

Se acostaron.

El metió su pija y empezó a empujar.

Pero encontraba cierta resistencia.

—Estoy tratando de meterla, empujo, empujo, pero su virginidad es muy fuerte.

—*No es mi virginidad.*

—¿Y qué es?

—*Telarañas.*

Putito

—¿Cuándo puede asegurar que su hijito va a ser un terrible puto?

—*Ni idea.*

—Cuando lo encuentra en Navidad, en el baño del Alto Palermo, chupándole la pija a Papá Noel.

Con nenitos

El ginecólogo termina de revisar a la mujer:

—Señorita Martínez. Usted ha estado jugando se-xualmente, una vez más, con niños pequeños. Quie-ro advertirle que eso está penado por la ley y po-drían meterla presa.

—*Es que no puedo evitarlo. Pero, ¿cómo lo supo?*

—¿Por qué tendría usted sino estos tres soldaditos de plomo, un He Man y cuatro playmobils dentro de la vagina?

¡UNO PARA MI!

Grafitti:
"Mi madre me hizo un homosexual."
Escribieron abajo:
"Si le doy la lana, ¿me haría uno a mí también?"

BIBLIA RARA

—*¿Oyeron hablar de la Biblia gay?*
—No.
—*La primera pareja fue Adán y Jorge.*

POR ATRAS

—*¿Qué es un amor "muy cuidadoso"?*
—No sé.
—*Dos homosexuales con hemorroides.*

MAS POR ATRAS

—¿Qué se obtiene cuando se cruza una rata con un elefante?
—*Ni idea.*
—Una rata muerta con un culo de cuarenta centímetros de diámetro.

¡OJO, FEMINISTAS!

Preguntaba el machista:
—¿Por qué los hombres son tan inteligentes y las mujeres tan charlatanas?

—*Ni idea.*
—Porque los hombres tienen dos cabezas y las mujeres cuatro labios.

RODILLAZO

—*Me tiene que ayudar, doctor Silberstein.*
—Usted dirá, señora.
—*Me duelen horriblemente las rodillas.*
—Veamos: camine hasta aquella pared y regrese.
La mujer lo hace.
—Aparentemente no es algo postural. Vamos a tratar de averiguar si se trata de algo congénito.
—Yo, en realidad, creo que se trata de otra cosa. Ultimamente he estado cogiendo muchísimo estilo perrito. Y creo que es por eso que me duelen tanto las rodillas.
—Bueno, entonces es sencillo: deje de utilizar esa postura.
—*¡Ah, no! Esa es la única postura que le gusta a mi doberman.*

AL REVÉS

—En mi pueblo hay una mina que tiene las tetas en la espalda.
—*¡Qué horror!*
—No. ¿Por qué? Es feo de ver pero, ¡vos sabés qué divertido es cuando la sacás a bailar!

Todo bien

El marido llegó a su casa.
Apenas abrió la puerta, su esposa estaba completamente desnuda.
El no pudo ni sacarse el sobretodo.
Ella se arrodilló, le abrió la bragueta y comenzó a chuparle deliciosamente la pija.
Extasiado y jadeante, él alcanzó a decir:
—*Muy bien, ¿qué le sucedió al auto?*

Un poquito mas

La madre abrió la puerta del baño y sorprendió a su hijo masturbándose.
—*¡No sigas con eso porque vas a quedarte ciego!*
—Mamá: ¿podría al menos seguir hasta que necesite anteojos?

Sordomudo

—*¿Oyeron el chiste del mariquita sordomudo?*
—No.
—*El tampoco.*

¡Qué vergüenza!

Tres amigos se contaban el momento más vergonzoso de sus vidas.
—*Yo pasé un calor brutal. En 1953, cuando me recibí de abogado, al ir a buscar el título, me tiré un pedo monu-*

mental. *Pero eso no es todo. Después del pedo, una diarrea espeluznante. Me cagué delante de todos.*

—Eso no es nada. Una vez, yo me estaba cagando y entré de urgencia al baño. Cuando terminé de cagar comprobé que no había papel. Con el culo al aire salí del baño pensando que no habría nadie afuera, porque mi esposa y mi hija se habían ido al cumpleaños. Pero el cumpleaños se había suspendido por corte de luz y todas las niñitas con sus mamás estaban en el living de mi casa. Y yo aparecí con el culo lleno de mierda y los pantalones en los tobillos. ¡Horripilante!

—*Bueno, eso no es nada. A mí me sorprendió mi papá haciéndome la paja. ¡Fue tan, tan, tan vergonzoso!*

—Pero, José. Me extraña. Tenés 56 años. Ya sabés que eso es lo más normal del mundo. Creo que a casi todos nos ha pescado nuestro viejo haciéndonos la paja.

—*Sí, pero es que a mí me pescó anteayer.*

COMO UN BEBÉ

Unas amigas charlaban en el almuerzo.

—*Mi marido tiene cita con el médico. Está tan estresado que no duerme, no descansa.*

—El mío, en cambio duerme como un bebé.

—*Eso es bueno.*

—No tan bueno. Grita, llora y patalea hasta que *lo dejo que me chupe las tetas.* Recién entonces se duerme como un bebé.

EL INFIERNO

Llevaban al tipo a dar una vuelta por el infierno para que eligiese castigo.
De pronto el diablo abrió una puerta.
El cuarto estaba repleto de mujeres hermosísimas, desnudas. Había un bar repleto de botellas con bebidas exquisitas de todo el mundo.
—*Creo que este lugar sería perfecto para mí.*
—No lo creo.
—*¿Por qué?*
—¿Ve todas esas botellas?
—*¡Hombre, claro!*
—Bueno, todas tienen agujeros en el fondo.
—*¿Y las mujeres?*
—Ellas no.

SACUDIDAS

—*¿Por qué los hombres se sacuden la pija después de mear?*
—No sé.
—*Porque no pueden enseñarle a hacer "Snifffff"*

EL TERCERO

—*¿Sabés qué dicen las mujeres después del tercer orgasmo?*
—No sé.
—*Ah... quiere decir que vos nunca...*

o'kif

Muy largo

—Dame una definición de eternidad.
—No sé.
—Es el tiempo que transcurre entre el momento en el que vos acabaste y a ella le falta apenas un minutito.

Muy variado

—¿Por qué las mujeres tienen dos juegos de labios?
—Ni idea.
—Para poder mear y quejarse al mismo tiempo.

Diferencias

—¿Cuál es la diferencia entre ¡Oohh! y ¡Aahh!?
—No sé.
—Unos diez centímetros.

Codigo de amor

Se había casado con una mujer muy inexperta y no quería presionarla. Tampoco quería que ella se sintiera mal en cuanto a las urgencias del sexo. Por eso le propuso:
—Mirá... vamos a tener un código.
—¿Un código?
—Sí. Funcionará de la siguiente manera: cuando tengas ganas de coger, me sacudís la pija una vez. Cuando no tengas ganas de coger, me la sacudís cien veces. ¿De acuerdo?

LA TIENE LARGUISIMA

—¿Sabés qué desayuna un tipo que tiene una pija de cuarenta centímetros de largo?
—*No.*
—Hoy, por ejemplo, desayuné: café con leche, tres mediaslunas...

¡QUÉ GUSTO CUANDO ENTRA JUSTO!

—*¿Cuál es la diferencia entre ansiedad y pánico?*
—No sé.
—*Ansiedad es la primera vez que no lo podés hacer por segunda vez. Pánico es la segunda vez que no lo podés hacer por primera vez.*

PECADO DE LA CARNE

—*¿En qué se parece un consolador y los porotos de soja?*
—Ni idea.
—*Ambos son sustitutos de la carne.*

MAS PECADO

El Vaticano.
Una noche se aparece un enviado de Dios.
Despierta al Papa y le dice:
—Está próximo el fin del catolicismo. Para salvarlo, tendrá que fornicar con una mujer.
Terrible dilema para el Papa.
Luego de pensar durante un largo rato, el Papa responde:

—Está bien. Me sacrificaré por la Fe, la Santa Madre Iglesia y por el Señor. Pero tengo tres condiciones.
—Di.
—La mujer ha de ser ciega.
—¿Por qué?
—Porque no debe ver con quién está fornicando.
—¿Qué más?
—Debe ser muda.
—¿Para qué?
—Para que no pueda contar jamás qué sucedió.
—¿Tercera condición?
—Debe tener unas tetas muy grandes.
—¿Por qué?
—¡¡¡Me encantan las minas con tetas grandes!!!

BIEN DIFERENTES

—¿Cuál es la diferencia entre el amor y los herpes?
—No sé.
—Los herpes son para siempre.

MATEMATICAS DEL SEXO.

—¿Qué es un 71?
—Un 69 con 2 dedos en el culo.

—¿Qué es un 72?
—Un 69 con 3 personas mirando.

—¿Qué es 69 y 69?
—Cena para cuatro.

Religiosamente

—¿Cómo se le dice a una monja lesbiana?
—*No sé.*
—Una monja con un *mal hábito.*

Pantaputos

—Parece que Calvin Klein va a sacar una nueva línea de jeans para putos.
—*¿Cómo son?*
—Tienen relleno adelante y cierre relámpago atrás.

Ambos mandos

—*¿Qué es un bisexual?*
—No sé.
—*Uno a quien le gustan las minas tanto como el próximo tipo.*

¡Cuidado!

Un cocodrilo toma un taxi en un aeropuerto.
El taxista pregunta:
—*¿Le llevo el maletín, señor?*
—Sí, pero con cuidado: es mi esposa.

Japonés atrevido

Una princesa europea viajó a Japón.
La primera noche, un japonés medio degenerado y

bastante jodón se coló en la habitación de la princesa. El niponcito se desnudó y se metió en la cama donde descansaba la princesa.

La mujer, al comprender la situación, comenzó a gritar desesperada:

—¡Escolta! ¡Escolta!

—Sí, es colta, pelo gluesa, ¿no?

ELEFANTE DESMEMORIADO

El elefante y la hormiguita se presentaron en el Registro Civil de la selva.

—*Venimos porque nos queremos casar* —*dijo el elefante.*

Indignada, la hormiguita lo interrumpió:

—*¿Queremos? Decí mejor ¡de-be-mos!*

¡AHHHHHHH! ¡AHHHHHHHH!

Tarzán andaba por la selva de liana en liana.

—*¡Ahhhhh! ¡Ahhhhh!*

Su grito conmovía a todos los habitantes de la espesura.

Era el rey de la selva.

Hasta que un día, mientras paseaba en liana y lanzaba su grito, oyó que alguien le gritaba:

—*¡Pajero! ¡Pajero!*

Indignado, buscó por todas partes, pero no encontró a quien le gritaba una y otra vez:

—*¡Pajero! ¡Pajero!*

Otra vez la liana. Otra vez la voz:

—*¡Pajero! ¡Pajero!*

Una tarde, Chita deschavó al que gritaba.

Había sido el cocodrilo.

Tarzán se lanzó al agua como en las películas.

Metió el brazo dentro del cocodrilo y lo dio vuelta como a una media.

Satisfecho, pegó un salto y subió a la liana más cercana.

Cuando estaba a unos veinte metros, oyó:

—*¡Jeropa! ¡Jeropa!*

OLORES

Dos prostitutas avanzan por la calle en busca de clientes.

—¡Atención! ¡Huelo una pija!

—*Tranquila. Es mi aliento.*

CON TACTO

Pareja en la cama.

Precalentamiento. Mucha lengua, mucha mano.

—*Querido, por favor sacá la mano de ahí adentro. Me estás lastimando con el anillo.*

—¿Anillo? ¡Uyyy, disculpá: es el reloj pulsera!

REGLA GENERAL

—¿Cuál es la diferencia entre preocupación y pánico?

—*No sé.*

—Unos veintiocho días.

CIRUGIA SEXUAL

—¿Cómo se le hace la circunsición a un leproso?
—No sé.
—Sacudiéndolo.

BOLAS FRAGILES

—¿Por qué los adivinos no pueden tener hijos?
—No sé.
—Porque tienen las bolas de cristal.

COMEMIERDA

—¿Qué animal come con el culo?
—No sé.
—Todos. Ninguno se lo saca para comer.

¡UY, QUÉ MIEDITO!

Un tipo entra en un bar. Pide una guía de teléfonos y la parte en cuatro con las manos. Pide doce whiskies y se los toma sin respirar.
Pide un litro de vodka y se lo toma en dos tragos. El barman comenta:
—Usted no es del barrio. Nunca lo había visto por aquí.
—No... soy de Avellaneda.
—¿Y se mudó?
—Obligado. De allá me echaron por puto.

CUIDADO CON LA BRAGUETA

Dos solteronas van a comer a un restaurante muy elegante.
El pianista tiene la bragueta abierta. Una lo nota.
Muy excitada, después de muchas dudas, decide acercarse y decírselo.
—*Tiene la bragueta abierta y se le ve la pija cuando se inclina.*
—No, esa no me la sé, pero si me la tararea...

QUE NO FALTE EL BOMBO

Un morochito entra a un bar.
Pide el teléfono.
Se lo prestan.
—¿Hola? ¿Hablo con el quilombo? ¿Está Noemí? Sí... espero. Gallego, ¡servíme un café!
—*¡Marcha un cafecito bien cargado!*
—Hola, sí, ¿Noemí? ¿Qué hacés? Yo bien. Mirá te llamo porque me gané veinte lucas a las carreras. Sí... bárbaro. Bueno, decíle a la Flaca María que se lave bien que voy para allá. Sí, como siempre, me preparás la habitación 9, comprás tres botellas de vodka, no te olvidés de la escupidera y del bombo. Bueno, bárbaro. Estaré por allí a las 9, más o menos. Chau, Noemí.
—*¿Cuánto te debo por el café, gallego?*
Un tipo que había escuchado toda la conversación del morochito, se animó:
—Disculpe, ¿no? Va a pensar que soy un metido. Pero estuve escuchando lo que hablaba sin querer.
—*¿Ah, sí? ¿Y qué le llama la atención?*
—Bueno, en realidad, algunas cosas no las entiendo.

—¿Por ejemplo?

—Y... lo de la mina, lo de la habitación, lo del vodka lo entiendo. Pero lo de la escupidera y el bombo... sobre todo lo del bombo, no lo entiendo.

—Mire, se lo voy a explicar porque me cayó simpático.

—*Bueno, gracias.*

—Yo voy a ese quilombo desde hace mucho. Cojo siempre con la misma mina. Apenas llego, me bajo tres vasos de vodka para festejar.

—*¿Entonces?*

—Le meto mano a la mina: allí me bajo otros dos vasos de vodka. Nos besamos, nos apretamos. Allí brindo por todos los amigos con seis vasitos más de vodka.

—*¿Entonces?*

—Entonces la hago poner en pelotas y para celebrarlo me chupo otros cuatro vasitos de vodka. A estas alturas la mina ya está en pelotas y yo me bajé dos botellas de vodka.

—*¿Entonces?*

—Entonces, cuando empiezo a chuparme la tercera botella, tengo un pedo tan monumental, que me da lo mismo coger, vomitar, cagar o tocar el bombo. *¿Captó la idea?*

¡QUÉ GENTE MODERNA!

—*¿Qué es tu papá, Andresito?*

—Cura, señorita.

—*¿Y tu mamá?*

—Monja.
—*¡Ah, colgaron los hábitos!*
—No, señorita. ¡Se los subieron un poquito!

UN POQUITO NADA MAS

—Padre, confieso haber sentido mucha simpatía por José.
—*¿Simpatía? ¿Cuántas veces?*

CON DONES

—*¿En qué se parece un diputado a un condón?*
—En que el diputado es miembro de la Honorable Cámara y el condón es la cámara del honorable miembro.

¿CUANTOS?

—¿Cuál es la diferencia entre una bola de bowling y una concha?
—*No sé.*
—Sólo se pueden meter tres dedos en una bola de bowling.

¿COMO?

—¿Cuál es la diferencia entre una ninfómana y una amante ardorosa?
—*No sé.*
—La amante ardorosa para un ratito para comer.

LO QUE SE PUEDA

El tipo llega por primera vez a Buenos Aires.
Está deslumbrado por todo.
Le gustan las luces, la calle de los cines, los restaurantes. La calle Florida. Todo.
Una tarde una minita *bastante culona* le sonríe.
El tipo la sigue.
La mina entra en un gran edificio y él detrás.
El edificio es de la DGI.
Apenas entra, un portero le pregunta:
—*¿Usted se va a acoger a la moratoria?*
Encantadísimo por la atención, el paisano contesta:
—*¡A la Moratoria y a la petisita culona aquella, si fuese posible!*

SEXO CAMBIADO

—*¿Con qué otro nombre se conoce una operación de cambio de sexo?*
—Ni idea.
—*Infeminación artificial.*

SEXO A MANO

—*¿Por qué no hay una ley sobre la masturbación?*
—No sé.
—*Porque la gente haría justicia por su propia mano.*

Un cancer

El médico entra a la sala de terapia intensiva.
—*Le traigo malas y buenas noticias, Gómez.*
—¡Ay, doctor, no me asuste! Deme primero la mala.
—*Tiene usted un cáncer terminal.*
—¿Cómo?
—*No hay posibilidad de operar. Está muy extendido.*
Le quedan, con suerte, cinco o seis días de vida.
—*Pero...*
—Irreversible. Nada que hacer.
—*¡Por dios! ¿Y cuál es la buena noticia?*
—¿Vio usted la enfermera rubia de pelo largo?
—*¡¡¡Síííí!!!*
—Esa de las tetas enormes...
—*¡Sí, la vi, la vi!*
—Que tiene un culo fenomenal y una piernas mara-
villosas...
—*Sí... ¿qué? ¿Qué pasa con esa mina?*
—¡¡¡Me la acabo de coger, Gómez!!! ¿No es una no-
ticia sensacional?

Precio sucio

La mina era un yiro realmente destartalado. Sin em-
bargo, a pesar de su calamitoso aspecto, se le acercó
un tipo:
—*¡Cuánto cobrás, flaca?*
—Trescientos dólares.
—*¿Quéééééé? ¡Pero andá a lavarte la concha!*
—¡Ah, no! ¡Con la concha lavada son quinientos!

ASQUEROSIDADES

La prostituta era bastante linda.
Pero completamente sorda.
Y un poco boluda.
El tipo se la llevó al hotel, la desnudó y la echó sobre la cama.
El se arrojó encima de ella.
Tenía muchas ganas de coger.
La mina estaba como clavada en el colchón.
Casi pintada.
El tipo cada vez estaba más enardecido.
Hasta que gritó:
—*¡Movéte! ¡Movéte, sorda hija de puta!*
Ella le contestó con una vocecita muy suave:
—*¡Sí, mi amor, yo también te quiero!*

CERVEZA Y MINAS

Chiste muy machista.
—*¿Por qué es mejor una cerveza que tu esposa?*
—No sé.
—La cerveza está *siempre húmeda.*

CITA A CIEGAS

—*¿A qué llamarías una cita a ciegas muy exitosa?*
—No sé.
—*Cuando la invitás a bailar ella se desnuda, se sube a la mesa totalmente en bolas y entra a taconear flamenco.*

PERDEDOR

—¿Cuándo se puede decir que el tipo con el que estás es un verdadero perdedor?
—No sé.
—Cuando en la cama le pedís que consiga algo para lubricar y se aparece con una lata de Esso Multigrado.

GANADORA

—¿Por qué es preferible que una mina sea bonita antes que inteligente?
—No sé.
—Nadie le mete la mano a una mina debajo del vestido para buscar un abono para la biblioteca.

INSEMINACION

—¿A qué se llama un *inseminario* artificial?
—*Ni idea.*
—A un sitio al cual van las monjas para quedar embarazadas.

COMIDA CALIENTE

—¿Por qué los polacos masturban todas las noches a sus perros?
—*No sé.*
—Para darle de comer al gato.

ANTICONCEPTIVOS

—*Tengo 14 hijos, doctor. Necesito un anticonceptivo muy eficaz.*
—Le voy a recetar el mejor.
—*¡Qué bueno!*
—Cómase un durazno.
—*¿Antes o después de...?*
—En vez de... señora. En vez de...

SEXO DE GOMA

—¿Qué es peor a que tu mujer te encuentre durmiendo con tu muñeca inflable?
—*No sé.*
—Encontrar a tu mujer durmiendo con tu muñeca inflable.

CINCUNCISION

—*¿Conocés el nuevo equipo para hacerse la circuncisión en casa?*
—No. ¿Cómo es?
—*Se pone una piraña en la pileta del baño y muy, pero muy, muy len-ta-men-te vas metiendo la...*

MIRA MAS FEA QUE...

—*¿Cuándo te convencés definitivamente de que tu esposa es horrible?*
—No sé.

—*Cuando el caníbal, después de echarle una ojeada, pide una ensalada.*

EL NENE ES UN HIJO DE...

Llamaron a la madre de Robertito a la dirección de la escuela.

—*Tenemos graves problemas con su hijo, señora.*

—¿Con mi Robertito? Pero si es un ángel.

—*Vea, señora: Robertito juega al doctor en los recreos.*

—Pero es la cosa más común del mundo. ¿Quién no ha jugado al doctor?

—*Todos, señora. Pero nunca vimos a ninguno que se dedicara a exámenes de próstata.*

SUPOSITORIOS

—*¿Cómo te das cuenta de que tu médico es gay?*

—No sé.

—*Cuando empieza a ponerte los supositorios con los dientes.*

MAS SUPOSITORIOS

—¿Hay otra manera de darte cuenta de que tu médico es homosexual?

—*No sé.*

—Es cuando te hace un examen rectal y sus manos están apoyadas en tus hombros.

Ranita muerta

La jovencita se sentía mal.
Fue al ginecólogo.
Le hicieron la prueba del embarazo.
—Verá, señorita. La rana del test murió. Pero tengo buenas y malas noticias.
—*¿Ah, sí?*
—La buena es que aunque la rana murió usted no está embarazada.
—Grandioso, eso es lo que quería. ¿Cuál podría ser la mala noticia?
—*La rana murió de sida.*

Toros que la meten

El tipo de la ciudad fue a visitar a sus parientes a una granja.
Como habían sido muy generosos con él, se ofreció para ayudar en las tareas del día.
—La verdad, que hoy necesitamos ayuda, Beto. Mirá; habría que llevar al toro y a la vaca para ver si el toro la preña.
—*Eso es pan comido. Déjenmelo a mí.*
El tipo agarró al toro y a la vaca y se fue al prado.
Pasaron las horas.
El tipo no volvía.
Finalmente regresó con la ropa deshecha, lleno de barro. Un verdadero asco.
—*¿Qué te pasó? Seguro que el toro te dio un trabajo bárbaro.*
—No. El toro estaba encantado y ansioso por colaborar en todo.

—¿*Entonces?*

—Y... la vaca. Tardé todo este tiempo para voltear a la vaca en el suelo y ponerla de espaldas para que el toro se la cogiera.

Muchos putos

—*En mi familia somos muy putos.*

—¿Cómo es eso?

—Mi abuelo es puto. Papá es puto. Mi tío José es puto. Mi tío Paco es puto. Mi hermanito menor es puto.

—Pero en su casa, ¿no hay nadie a quien le gusten las mujeres?

—*Claro que hay. A mi mamá y a mi hermana le encantan las mujeres.*

Muy calientes

Rodolfo visitó a su médico.

—Vea, doctor. Mi mujer no se calienta. Yo hago de todo y ella nada.

—¿*Entonces?*

—¿No tendría algo para darle que la excite, que la haga calentar?

—*Mire. Le voy a dar estas pastillas. Son muy buenas y tienen un resultado asegurado. Déle dos pastillitas y va a lograr lo que quiere.*

El hombre fue a su casa. Le dio las dos pastillas a su mujer.

Tan desesperado estaba por coger, que él también se tomó dos pastillitas.

Pasaron algunos minutos. Finalmente su esposa gritó:

47

—¡*Vení, vení a la cama que tengo ganas de un hombre yaaaa!*

Rodolfo estaba en esos momentos vistiéndose para salir.

—*No sabés cómo te entiendo: yo también necesito un hombre ¡¡¡ya!!!*

Vibrante relacion

—*¿Por qué las italianas jamás se compran un vibrador?*
—No sé.
—*Porque sus maridos nunca están lejos de ellas el tiempo necesario como para que puedan usarlo.*

Sin sexo

El juez Archibaldo Trovatto era uno de esos tipos serios y entregados enteramente a su tarea.

Hombre adusto y recto, el juez Trovatto.

Una mañana apareció en su despacho con un sombrero tejano, saco blanco, camisa roja, botas con tachuelas plateadas y un pañuelo celeste al cuello.

La secretaria, casi al borde del infarto.

—*Pero, juez, ¿qué es esta vestimenta en un hombre como usted?*

—Sencillo, m'hija... hoy me operan: una vasectomía. Por lo tanto: si voy a ser impotente, quiero lucir como un impotente. *¿Entendido?*

Metete ahi adentro

—¿Qué es un ginecólogo?
—*No sé.*
—Alguien que trabaja donde otros se divierten.

Rompamos todo

Por teléfono:
—Flaquita, ¿te gustaría que fuéramos a la disco, nos tomáramos unos tragos, un buen saque de blanca, después una apretada para darnos vuelta la cabeza y ¡a coger como perros!?
—*¡Me encantaría! Pero, ¿quién habla?*

Cuidado con el sida

—*¿Cuál es el mejor remedio para el SIDA?*
—El Nitrato de Meterlo.

Mas cuidado con el sida

—*¿Qué significa la sigla SIDA?*
—No sé.
—*Sáquela Inmediatamente De Atrás.*

¿Ahi qué tenés?

Entra la nena al baño. Su papá, que está desnudo, se tapa entre las piernas.

—¿Qué tenés ahí, papito?
—Una ratita, nena, una ratita.
—¿Y te la estás cogiendo, papito?

RECUERDOS DEL PITO

Un tipo desnudo se mira al espejo y le habla a su pija:
—¿Te acordás aquella rubia que nos cogimos en Los Angeles? ¿Y te acordás de la morocha de Madrid? ¿Y de la petisa aquella de París...?
En medio de tan instructiva y rememorativa charla, se tira un pedo.
—¡Vos calláte que también tenés tu historia!

¡CUIDADO CON LOS HUEVOS!

Una viejita sube al subte con una bolsa. El vagón está repleto. La vieja grita:
—¡Cuidado con los huevos! ¡Por favor, cuidado con los huevos!
—¿En la bolsa lleva huevos, abuela? —le pregunta un "vivo"—. ¿Tiene miedo de que le rompamos los huevos?
—No, en la bolsa llevo alfileres. ¡Cuidado con los huevos! ¡Cuidado con los huevos, por favor!

SITUACION EMBARAZOSA

En la ruta.
Un minón hace dedo.
Para un camionero y la levanta:

—*¡Qué notable! Sos la tercera mina en una semana que levanto y que está embarazada.*
—¿Yo embarazada? ¡Yo no estoy embarazada!
—*Todavía no. Pero vas a ver cuando bajes del camión...*

ENCAMADA

Entra el mexicano a su casa y sorprende a su mujer encamada con un tipo.
—*¡Híjole! ¡Ahorita te voy a dar una buena...!*
—¡Gracias, compadre! Pero no se moleste, ¡ésta no está tan mal!

¡QUÉ PEDAZO DE BOLUDO!

—*Me dijo que me iba a hacer el amor como nadie.*
—¿Y?
—*Fue original pero, ¡pasé una vergüenza!*
—¿Por?
—*¡Se apareció disfrazado de Mickey Mouse!*

SEXO, SEXO Y SEXO

El psicoanalista le mostró más de veinte láminas a su paciente.
—Todas sus respuestas han sido idénticas. En todos los casos me respondió lo mismo: "Sexo, veo sexo". ¿Tiene alguna idea de por qué es así?
—*Claro, doctor: ¡eso es porque yo jamás pienso en otra cosa!*

SEXO MARAVILLOSO

Llega el marido a la madrugada:
—¡Pero, vieja! ¿Qué hace ese hombre debajo de la cama?
—*¡Ay! Debajo, no sé. Pero arriba, ¡hace maravillas!*

CAMBIO DE ESTADO

Caperucita va por el bosque.
Aparece el Lobo y la viola.
Al llegar a casa de su abuelita, ésta le pregunta:
—*¿Cómo estás, Caperucita?*
—¡Caperucita las pelotas! De ahora en adelante, ¡Señora de Feroz!

EL POLVO DE SUPERMAN

Superman sobrevuela Metrópolis. Mirada de rayos X. Ve a la Mujer Maravilla sobre la cama y abierta de piernas.
Se lanza.
—*¿Qué tal, Mujer Maravilla? ¿Me sentiste?*
—La verdad, yo no. Pero preguntále al Hombre Invisible que estaba arriba mío.

BOMBACHITAS DESPISTADAS

La viejita llama al consultorio de su médico:
—*Doctor, ¿no sabe si me olvidé mis bombachas allí?*
—No, señora, seguro que no.

—Perdone. Entonces seguro que me las olvidé en lo del dentista.

EL LEON COGEDOR

Ruge el león en la selva:
—Me voy a coger al animal que tenga la boca más grande.
El cocodrilo cierra la boca todo lo que puede y dice:
—*¡Uyyy, pobre sapito!*

PREGUNTAS PELOTUDAS

—¡Hijo de puta! ¿Quiere decirme qué hace en mi casa, en mi cama, desnudo, y encima de mi mujer en pelotas?
—*¡Ya me había adelantado su mujer que usted hacía preguntas pelotudas!*

¡QUÉ TIPO TRUCHO!

—Mi amante me pidió para su cumpleaños un collar de diamantes de trescientos mil dólares o un Mercedes último modelo. Le regalé el collar.
—*Pero, ¡qué bestia! ¡Te hubiese salido más barato el auto!*
—¿Sí? ¿Y dónde consigo un Mercedes trucho?

Yo lo hago

—Habitación para ustedes, tengo. Siempre hay habitación para los recién casados. Pero las camas no están hechas.
—*De eso me encargo yo* —dijo para lucirse la flamante esposa.
—Como quieran: aquí tienen la madera, clavos, el martillo...

Solo una vez

Llena el formulario para pedir un empleo.
Nombre: Rosa Gómez.
Edad: 20 años.
Nacionalidad: Boliviana.
Sexo: Una vez, en un Fiat 600.

¿Por qué los negros la tienen tan...?

Todo el mundo conoce la fama de los negros en la cama.
Además de la fama de tener el pene largo y ancho, los negros pasan por ser los mejores cogedores del mundo.
Luis García Ferrantes, gran empresario, tenía un chofer negro.
Durante varios años lo observó atentamente.
Pero jamás se atrevió a preguntarle nada.
El negro era un tipo verdaderamente atractivo.
Alto, musculoso, mucha fibra, elasticidad sin par.
Y una sonrisa panorámica.

Hasta que un día... el gran empresario se atrevió.

Volvían del aeropuerto.

El patrón se sentó junto al chofer.

—*Verás, Washington: sé que esto te parecerá extraño pero quiero hacerte una pregunta.*

—Lo que quiera, jefe.

—*Dime: ¿Cuál es el secreto de los negros? ¿Por qué tienen semejante reputación en la cama?*

—¿De verdad quiere saberlo?

—*Quiero saberlo todo.*

—Muy bien. Voy a explicárselo. Pero tiene que prestar mucha atención.

—*Hagamos una cosa: detente en la primera cafetería que veas. Bebamos un café mientras me explicas.*

Se detuvieron.

Pidieron un par de cafés.

Y el negro dio una clase magistral a su patrón.

Le habló de la *piel*.

Le habló de los *ritmos*.

Le habló de las *humedades y de la sincronización del deseo*.

Le habló de una lenta manera de suministrar placer *pensando solamente en la pareja*.

El gran empresario agradeció la lección y le pidió a su chofer que lo llevara rápidamente a su hogar.

Cuando llegó, no quiso perder un minuto.

Llevó a su joven y bella esposa al dormitorio y, durante tres horas, puso en práctica cada uno de los secretos que le había confiado Washington.

Al terminar, y mientras fumaba un fragante puro, preguntó:

—*¿Y, querida? ¿Cómo estuve?*

—¡¡¡Sen-sa-cio-nal!!! *¡Parecías un negro!*

MAS PERDIDO QUE ADAN EN...

Adán mira al infinito y reflexiona sobre la Creación del Mundo.
—¡Parece mentira que haya sido el mismo Dios el creador de una mujer que se acuesta con el primero que llega!

QUEJA CONTRA EL VIOLADOR

—Señor comisario, ¡vengo a poner una queja contra un violador!
—*¿Cuándo la ha violado?*
—¿Cuándo? ¡Nunca! Si me hubiese violado habría venido a poner una denuncia, y no una queja.

PELO ENTRE LAS PIERNAS

El francés llega a un quilombo correntino. La negra que lo atiende es bastante peluda. El francés dice:
—En mi país las mujeres tienen el pelo como hilos de seda. Los vellos de las axilas son como hilos de seda... los vellos de las piernas también, los vellos del pubis también como hilos...
—*Bueno, che... ¿vos viniste a coger o a tejer?*

NO TE COBRO NADA

Ella; hermosísima, le dice al viejo, panzón y pelado:
—*Bueno, querido, antes de irte deberíamos hablar de dinero...*

—No te preocupes, preciosa. ¡No pensaba cobrarte nada!

Cuidado con el grandote

El campesino gigantón sorprende al enano del pueblo cogiéndose una gallina y empieza a reírse a carcajadas.

—*¿De qué te reís, grandote al pedo? ¿Nunca te cogiste una gallina?*

—No. ¡Pero estoy a punto de cogerme a un enano!

Cuidado que la rompés

Terminan de hacer el amor el chico y la chica.

—Espero que después de esto, Javier, no vayas a decirle a todo el mundo que soy una chica fácil.

—*¿Fácil? ¡Pero si ni siquiera te sacaste las bombachas!*

Tengo que explicarte

—Hijo mío. Creo que ha llegado el momento de hablar de cosas importantes. Cosas naturales... cosas relativas a las mujeres, al sexo, al amor, al deseo, a la lujuria... ¿Me entiendes, hijo?

—*Por supuesto, papito. ¿Qué te interesa saber?*

Corazon caro

—*Mi corazón es sólo tuyo, querido.*

—¿Y lo demás, flaquita?

—*Del que pueda pagarlo, papito.*

Violame

—*La violación es imposible...*
—¿Por?
—Porque una mujer puede correr mucho más rápidamente con la pollera levantada que un hombre con los pantalones abajo.

Hagamoslo de una vez

—¿Soy el primer hombre que te pide "hagamos el amor"?
—*El primero.*
—¡Qué suerte!
—*Sí. Todos los demás lo hicieron sin pedírmelo.*

Dulce de leche

—¿Supieron de aquella flaquita que confundió las pastillas anticonceptivas con las pastillas de sacarina?
—*No. ¿Cómo fue?*
—Ahora tiene el bebé más dulce de la ciudad.

¡Deja de masticar!

—Por lo menos cuando te cojo dejá de mascar chicle. ¡Para eso te pago!
—*¿Chicle? ¿Qué chicle? ¡Es el forro del anterior!*

La tiene verde

El loro se había portado mal y lo mandaron una semana al gallinero.
Cuando salió estaba maltrecho, rengo, hecho pelota.
—*¿Qué te pasó, Pedrito?*
—¡Nada!
—*¿Te cagaron las gallinas?*
—¡Má qué gallinas! ¡Quisiera saber quién fue el hijo de puta que le dijo al gallo que hay gallinas verdes!

¡Las pelotas!

—El tipo era tan, pero tan viejo que lo llamaban Arbol de Navidad.
—*¿Por qué?*
—Porque tenía las bolas de adorno.

Sos un forro

—¿Cuál es el club más exclusivo?
—*No sé.*
—El Club del Forro. Porque sólo admite un miembro.

Adivina adivinador

Llega el tipo a su casa y su mujer está cogiendo con un desconocido.
—*Pero, ¿qué carajo es esto? ¡Uno arriba, la otra abajo y los dos moviéndose como badajo!*
—¡Cortála, imbécil! ¡Yo aquí cogiendo con éste y vos con tus adivinanzas de mierda! ¡Andá a cagar!

¡HIJO MÍO!

—*¿Sabés cuál es el colmo de la fantasía?*
—Ni idea.
—Eyacular en un vaso, tirarlo al aire, romperlo de una pedrada y decir que se te ha muerto un hijo en un accidente aéreo.

GUACHO JUDÍO

La mina, monísima, habla con su compañero de asiento en el avión:
—Soy antropóloga. He descubierto que los indios americanos tienen los penes más largos y los judíos las erecciones más prolongadas.
—*¡Qué interesada! A propósito, me presento: ¡Soy el Cacique Toro Sentado Goldstein, a sus órdenes!*

SIEMPRE TE RECUERDO

El botones del hotel a la pareja que acaba de instalarse:
—*¿Algo más, señor?*
—No, gracias.
—*¿Algo para su esposa?*
—¡Ah, sí! Consígame una postal...

ELLA Y LA OTRA

—¡Oh, María! —le dice la mujer a su mucama—. Estoy destrozada. Mi marido me confesó que me engaña con su secretaria.
—*No le creo. Lo dice para darme celos.*

BRAGUETAZO

Baño de un cine.
Entra un tipo con las manos rígidas y los dedos esti-
rados al costado del cuerpo.
Se acerca a otro que está meando y le dice:
—*¿Podría abrirme la braqueta?*
Segurísimo de que el pobre tipo ha sufrido algún ac-
cidente o alguna hemiplejía, lo ayuda.
—*¿Podría sacar mi pija para que pueda mear?*
—¡Cómo no!
—*¿Podría ahora sacudírmela?*
—Sí, desde luego.
—*Gracias. ¿Podría cerrarme el cierre?*
—Claro, claro.
—*Muchas, muchísimas gracias. ¡No sabe cuánto le agra-
dezco el favor!*
—¡Faltaba más! ¿Quiere que le abra la puerta?
—*No está bien. Yo puedo solo. Ya se me secaron las uñas.*

VACAS Y MINAS

—*¿Qué es lo que la vaca tiene cuatro y la mujer dos?*
—...
—*Pies.*

¡OH, EL AMOR!

—*¿Qué es el amor?*
—Ni idea.
—*El mito de que una concha es diferente a otra concha.*

¡LAS GOMAS!

Una viejita sube al colectivo. Con su bastón, al moverse de un lado al otro, hace un ruido infernal contra la chapa. Un tipo, que está sentado, le dice:
—Señora, ¡cómo rompe las bolas con el bastón! Si le pusiese una goma en la punta no haría tanto ruido.
—*Tenés razón. Cometí el mismo error que tu viejo.*
—¿Que mi viejo? ¿Qué tiene que ver mi viejo?
—*Si tu viejo se hubiese puesto una goma, vos no estarías acá y yo podría sentarme en tu asiento, pelotudo.*

MARIDO IMBÉCIL

—El hijo de puta de mi marido me hace seguir por un detective.
—¿En serio?
—*¡Te juro!*
—¿Cómo te enteraste?
—*Anoche me lo contó mientras cogíamos.*
—¿Te lo contó? ¡Pero, tu marido es un boludo!
—*No. El que me lo contó fue el detective...*

¡QUÉ MANITO!

—¿Sabés qué encontraron cuando le hicieron la autopsia a Rock Hudson?
—*Ni idea.*
—El otro guante de Michael Jackson.

Cuidado con los huevitos

—*Papá, mañana me caso con Rosita.*
—Pero, ¡si tenés cinco años!
—*Sí... ¿Y?*
—¿Pensaron cómo van a hacer con los hijos?
—*¡Todo pensado, pa! Cada vez que ella ponga un huevo, ¡lo pisamos, lo rompemos, lo destrozamos!*

¡Yo, yo, yo!

—¿Hay alguien en esta iglesia que tenga serios motivos para impedir esta boda?
—*¡Yo, padre!*
—¡Usted cállese la boca y pórtese como un novio decente!

Pobres de mierda

—Decíme, Ramiro: Los pobres, ¿disfrutan igual que nosotros en la cama?
—*Claro, Gra, ¡desde luego!*
—Entonces, ¿de qué se quejan esos hijos de puta?

Arriba de la mesa

El flaco era bastante bruto a la hora del sexo.
—Carlos, ¡ya está bien de tanta desconsideración! ¡Exijo, en la cama, al menos, los mismos modos que exijo en la mesa! *¿Entendiste?*
—Sí, claro.

—¿Entonces?
—Querida, ¿podrías, por favor, pasarme tu concha?

GORILA DESAGRADECIDO

—*¿Has visto a Mónica últimamente, María Eugenia?*
—Sí, la he visto, Agustinita. La he visto...
—*¿Cómo está?*
—¡Terrible! ¿Te acordás que había ido de safari a Africa?
—*Sí.*
—Bueno, se cayó del jeep y la agarró un gorila enorme. ¡La violó, la sometió, la desgarró! ¡Terrible, Agustinita, terrible!
—*¡Pobre! ¡Estará destrozada!*
—¡Imagináte! ¡Ni la llamó, ni le escribió... nada!

¡QUÉ BAJO HEMOS CAIDO!

En el prostíbulo:
—Le digo los precios, señor: Segundo piso, 500 dólares. Primer piso, 300. Planta baja, 100. Sótano, 10 dólares.
El cliente pide sótano. Lo llevan.
—Pero, ¿cómo? ¡Aquí no hay mujeres!
—*¡Ah, no, señor! Aquí en el sótano es autoservice.*

LLEGARAS MUY ALTO

—En la orgía de anoche me fue como la mierda —le dice un monito a otro monito.

—¿Por qué?

—Porque me tocó coger con la jirafa y apenas se la metía, la muy puta me decía: *"Dame un besito... ahora metémela otra vez... dame un besito..."*, y así toda la noche.

Pegaditos

Un perro y una perra continúan pegados después de coger.
El nenito los ve:
—*Mamá, ¿qué le pasa a esos perros?*
—Algún malvado les puso pegamento.
—¡Pobrecitos! ¡Con lo que debe joder que te hagan una broma así cuando estás cogiendo!

Como los perros

Una punk a otra:
—¿Y no tuviste problemas al hacer el amor con un perro?
—*Al principio, el bicho me tenía un poco de asco. Pero se fue acostumbrando...*

Ahora te arañaré

Una tarántula encuentra a otra cogiendo con un gato y le dice:
—*¿No te parece que esto es contra natura?*
—No, ¿por qué? ¡Si él también araña!

EL PAJARITO

Dos nenitas muy chiquititas charlan en el jardín de infantes.

—Yo, muchas veces, hice que me metieran el pajarito, ¿sabés?

—*¿Sí? ¿Y qué pasó?*

—Nada, que ya se murieron asfixiados dos gorriones, el canario, el loro de mi tía, una palomita, tres jilgueros...

¿POR QUÉ? ¿POR QUÉ?

El Pequeño Saltamontes, levanta los ojos y pregunta a su Maestro:

—*¿Por qué tienes siempre los ojos en blanco, Maestro?*

—¡Tú calla y sigue chupando, pequeño Saltamontes!

SIN PECADOS

—El que esté libre de pecados —dijo Jesús— que arroje la primera piedra.

En ese momento, una tremenda piedra le pasó rozando la cabeza.

—*¡No, no! ¡Vos no jugás, mamá!*

¡BRINDO POR LAS MUJERES!

Tres mujeres.

Dice la joven levantando la copa:

—¡Por los hombres! *Pero que paguen...*

Dice la madura levantando la copa:

—¡Por los hombres! *Aunque no paguen...*

Y finalmente dice la anciana:

—¡Por los hombres! *Aunque haya que pagarles...*

VIOLACION

—¿Y por qué no se defendió del violador, señora?

—*¿Está loco? ¡Si me acababa de pintar las uñas!*

SOSPECHA CRUEL

—Creo que mi mujer está laburando de puta.

—*¿Qué te hace sospechar?*

—Cada vez que terminamos de coger me dice: *"Bebé, avisá que pase el que sigue".*

¡MORITE, BOLUDO!

Un tipo corre a enseñarle a su esposa la Ferrari último modelo que acaba de comprar.

—*¡Querida, querida! ¡Acabo de llegar! Vamos a ver la Ferrari.*

—Si, querido. Esperá un segundo. Estoy en el dormitorio. Ya te abro.

Dos minutos después contemplan el bólido desde la ventana del dormitorio.

Justo en ese momento, un ladrón sube al coche.

El tipo, desesperado, arroja el ropero por la ventana, pero se engancha en el mueble y cae también.

El ropero cae sobre el ladrón y el dueño de la Ferrari se estrella contra el pavimento.

En el cielo, les pregunta Pedro.

—*A ver, hijo, ¿tú qué hacías cuando moriste?*

—Estaba enseñándole el coche a mi esposa desde mi departamento cuando vi que un tipo se lo estaba robando, así que le tiré el ropero. Pero tuve tanta mala suerte, que caí yo también.

—*Está bien, pasa. ¿Y tú?*

—Pues yo quería robarme un Ferrari cuando me cayó un ropero y me mató.

—*Al purgatorio. ¿Y vos?*

—Yo estaba con una mina; como llegó el marido me dijo que me escondiera en el ropero. Yo me escondí. De pronto sentí que alguien levantaba el ropero... *¡después ya no supe nada más!*

¿QUÉ DIA?

En la parada del colectivo, una muchacha le pregunta a un flaquito:

—*Joven, ¿pasa por aquí el 27?*

El flaco hojea su agenda.

—No, ese día no puedo. *¿Qué te parece el 26?*

¡SACUDALA VIEJITO!

El viejito Rodríguez Cano consultó al médico:

—Verá, doctor: deseo saber si podré procrear un heredero.

—Mire, señor, le voy a dar este frasquito... vaya usted al otro cuarto y eche dentro un poco de semen. Quiero hacerle unos análisis.

Pasó media hora.

Pasó una hora.

A las dos horas, el médico consideró que algo anormal estaba sucediendo.

—¿Algún problema, señor Rodríguez?

—*Ay, doctor, estuve como media hora con la mano derecha y no pude; otra media hora con la izquierda y tampoco; luego una hora con las dos y... no, tampoco pude. Incluso lo golpeé contra el mármol y no pude, hasta con una tenaza le di pero ¡tampoco pude abrir este frasquito de mierda!*

CHUPADITAS

Juancito se despierta a la madrugada.

Entra despacito a la habitación de sus padres que están bastante ocupados.

Juancito sale y va puteando por el pasillo:

—*¡Y después mi vieja me manda al psicólogo porque me chupo el pulgar!*

¡ÑACA, ÑACA!

Dos exploradores se internan en lo más remoto de la selva.

De pronto, los atrapan unos indígenas muy hostiles.

—*¡Hombres blancos, enemigos! ¡Tendréis que elegir un castigo!*

—¿Un castigo?

—*Sí. Elegid: ¿ñaca, ñaca o ñiqui, ñiqui?*

Uno de los exploradores arriesga:

—*¡Ñiqui, ñiqui!*

Al oír aquello todos los hombres de la tribu se cogen al explorador. Lo destrozan.

El otro, aterrado, elige:

—¡Ñaca, ñaca!

—*Muy bien. Haremos tu voluntad: ñaca, ñaca es muerte, pero antes, ¡un poco de ñiqui, ñiqui!*

¡FLAUTITA!

Un tipo se lamenta en un bar. Se le acerca otro y le pregunta:

—*¿Por qué tan triste, hombre?*

—Es que con unos amigos formamos un grupo musical: uno tocaba el piano, otro la batería y yo una *pobre flautita...*

—*¿Y?*

—Primero fuimos a los Estados Unidos. Al presidente le gustó tanto nuestra música, que ordenó que llenaran nuestros instrumentos de dólares. El del piano recibió muchos, el de la batería también y yo... con mi *miserable flautita...*

—*¿Y después?*

—Después fuimos a Inglaterra. A la reina le gustó tanto que ordenó que hicieran una réplica en oro de nuestros instrumentos; la del piano era grandota, la de la batería también, y yo... con mi miserable flautita...

Después llegamos a Rusia, y como al primer ministro no le gustó, dispuso que nos metieran los instrumentos en el culo; al del piano no le cupo, al de la batería tampoco, y a mí... *¡miserable flauta!*

BUENA MERCA

Un grupo de turistas gallegos visita París.

Cuando llegan a Francia, un tal Pierre, cercano a la gerencia del hotel, separa a los señores y les enseña el catálogo de prostitutas.

La más barata costaba 500 dólares.

Manolo preguntó:

—*¿No podría hacerme una rebajita?*

—¿Cuánto puede gastar usted?

—*Pues ahora mismo, unos 20 dólares.*

—¡Oh, no, no, no! Por esa cantidad no conseguirá usted nada en París.

Muy desilusionado, Manolo decide gastar los 20 dólares en una cena.

Elige un bar bastante barato y allí se encamina con su esposa.

Justo en ese bar estaba tomando un café Pierre, el de los catálogos, quien inmediatamente le corta el paso y le grita:

—*¿Y? ¿No le había dicho yo? ¿Vio la mierda que consiguió por veinte dólares?*

¡GUAPOS!

—Oiga, Rosendo, ¿usted le anda diciendo a todo el mundo que estuvimos cogiendo en el granero?

—*No, Juan Manuel, ¿cómo cree?*

—¡Carajo! ¡Entonces *alguien nos vio*!

GATERIO

El rey de los gatos pasaba todas las noches por los callejones gritando:

—*Esta noche, ¡todos a coger a la plaza!*

Todas las noches, un gatito pequeño quería ir con los démás, pero no lo dejaban.

Hasta que el rey de los gatos hizo una excepción y le permitió acompañarlos.

Esa noche llegaron a la plaza y se lanzaron sobre una gata. La gata huyó y trepó a un árbol.

Los gatos empezaron a dar vueltas alrededor del árbol.

Más o menos a la vuelta 120 dice el gatito cansadísimo:

—*Oiga, jefe, si no se ofende, voy a coger sólo dos vueltitas más y después me vuelvo a casa.*

GRAN DIFERENCIA

Un tipo camina por la calle cuando lee en el diario:

—*Hoy vuelve Juan Rebollo.*

Intrigado, llega a su casa y le pregunta a su esposa:

—Querida, ¿vos sabés quién es Juan Rebollo?

—*¡Juan Rebollo! ¿Qué? ¿Regresa hoy?*

La mujer corre a avisarles a sus vecinas.

En manifestación, todas las mujeres se van a esperar a Juan Rebollo al aeropuerto.

Intrigado, el tipo sigue al mujererío.

El aeropuerto está abarrotado de minas hermosísimas que esperan a Juan Rebollo.

Apenas Rebollo aparece en la escalerilla, el revuelo es monumental.

Las mujeres gritan, lloran, patalean.

Después de media hora, la policía consigue dispersar a las mujeres.

El tipo consigue colarse en el salón VIP y encara a Rebollo.

—Disculpe, Rebollo. Una preguntita: ¿cómo hace para tener tantas admiradoras?

—*Te cuento. Cuando vos vas a mear, ¿qué hacés?*

—*Y... la saco.*

—*¿Después?*

—Meo.

—*¿Y después?*

—La agarro con la mano y la sacudo.

—*Ahí está la diferencia.* ¡Yo me la pateo!

¡Tibiri, tibiri!

El rey, deseoso de casar a su hija, ofrece otorgar su mano a aquel hombre que tenga el pene más grande.

Se reúnen muchos aspirantes.

Cuando el rey está a punto de dar su fallo, se presenta un hombre con un miembro de 3 centímetros.

El rey ordena que lo saquen de su vista.

Pero antes de que nadie pueda tocarlo, el hombre dice:

—*¡Tibiri, tibiri, tibiri, tibiri, tibiri!*

Ante esto el miembro empieza a crecer hasta que alcanza ¡5 metros de largo!

Antes de que puedan reaccionar los presentes, el tipo dice:

—*¡Tabara, tabara, tabara, tabara!*

Y el miembro recupera su tamaño.

El rey lo declara ganador absoluto.

Durante la cena real la princesa ya estaba ansiosa por hacer el amor con él.

Pero estaban sentados en extremos opuestos de la mesa.

La princesa le mandó un mensaje con un sirviente:

—¡Quiero que me cojas ya!

El tipo leyó el papelito y sin dudarlo empezó a cantar:

—*Tibiri, tibiri, tibiri, tibiri, tibiri. ¿Ya?*

—No, todavía no.

—*Tibiri tibiri tibiri tibiri tibiri. ¿Llegó?*

—¡¡¡Siiií!!!

—*Entonces: ¡tibiri, tabara, tibiri, tabara, tibiri, tabara, tibiri, tabara...!*

ÁRABES ENOJADOS CON EL SEXO

—Abdul, tus hijos son unos vagos, mira a tu hija la artista, ¡jamás ha trabajado!

—*Estás equivocado, Jasir. Mi hija mañana debuta.*

—De buta o de lo que sea, bero que trabaje.

COMO LA DEL BURRO

Llega el gran jefe Burro Sentado a la farmacia.

—*Mí querer preservativo.*

Al día siguiente regresa Burro Sentado muy, muy enojado.

—*Jefe fuerte, testículos fuertes, condón ¡pum!*

Entonces el empleado le ofrece uno de látex extra resistente.

Sin embargo, al otro día regresa el jefe más enojado todavía.

—*Jefe fuerte, testículos fuertes, condón ¡pum!*

El empleado le ofrece, entonces, uno con cintas de seguridad.

Al día siguiente, la misma historia.

—*Jefe fuerte, testículos fuertes, condón ¡pum!*

Muy preocupado, el empleado le ofrece el nuevo modelo radial de acero reforzado y con bandas de titanio. Al día siguiente, llega el indio indignadísimo.

—*Jefe fuerte, condón fuerte, testículos ¡puuummm!*

¡QUE MIERDA!

Al morir, el tipo se va derechito al infierno. Había llevado una vida de grandes desenfrenos sexuales.

El diablo que está de buen humor, le enseña los diversos castigos.

—*Mirá, flaco, aquí torturamos a los condenados.*

—No... ¡es horrible! Quiero ver otro.

—*Este es el castigo número dos; aquí los hervimos en aceite.*

—¡Qué horror! Otro.

—*Este es el castigo número diez, aquí los flagelamos.*

—Prefiero ver otro más.

—*Este es el último, aquí es la cloaca del mundo y llegan todas las inmundicias de los humanos.*

El tipo observa la cloaca y nota que sobresalían las cabezas de los condenados, y piensa:

—"Bueno, tienen la mierda sólo hasta el cuello; supongo que en un tiempito me acostumbraré al olor."

No lo pensó más.

—Elijo este castigo, don Satanás.

El tipo se quedó en la cloaca del mundo, boludeando, tratando de acostumbrarse.

Media hora después regresó Satanás.

—*Bueno, muchachos. ¡Se acabó el recreo! ¡Otra vez todos de rodillas! ¡Vamos, vamos, arrodillándose, muchachos!*

TIPO MUY RANA

Mientras el señor Pérez espera que su esposa se bañe, de pronto aparece una ranita. La recoge en su mano y dice:

—*¡Vaya!, qué simpática ranita.*

—No soy ranita, soy una princesa encantada, y si me das un beso te concederé mi amor.

Medio extrañado, el señor Pérez decide arriesgarse, le da un beso y la rana se transforma en una princesa despampanante, vestida con un baby doll rosa.

En esos momentos sale su esposa del baño y le dice:

—Viejo, ¿qué significa esto?

—*No me lo vas a creer, mi vida; no me lo vas a creer.*

¡QUÉ MONADA!

El mono se encuentra al conejo, que estaba enojadísimo:

—*¿Qué te pasa, conejo? ¿Por qué tan enojado?*

—Al león se le ocurrió poner baños en la selva.

—*¿Y?*

—Y... ¡a mí me fue para el carajo!

—*¿Por?*

—Yo estaba en el baño ¿no? A mi lado, el elefante. Como no había papel higiénico, me preguntó: "Che, conejo: ¿vos soltás pelito?". Yo le contesté que no.

Bueno, ya te imaginarás qué hizo conmigo, *¡grandulón hijo de puta!*

NUEVO MIEMBRO

En la cárcel de mujeres se logra introducir un hombre. Pero, al poco tiempo, la directora de la prisión comienza a sospechar. Reúne a las reclusas en el patio.

—*Señoritas, hay un hombre entre nosotras, así que todas se van a levantar la pollera y yo voy a pasar, personalmente, a ver si son hombres o mujeres.*

La directora inicia la inspección.

—*Mujer, mujer, mujer, mujer, mujer, mujer, mujer, mujer,* buenas tardes, *mujer, mujer, mujer...*

CONSTANCIA Y SALIVA

Callejón desierto.

Dos monjitas que caminan de prisa en la oscuridad. Dos terribles guachos las detienen, les desgarran los hábitos, las arrojan sobre unos cartones mugrientos y empiezan a violarlas.

La más jovencita dice:

—*¡Perdónalos, Dios mío, no saben lo que hacen!*

La otra contesta:

—*Eso será el tuyo. ¡El mío sabe muy bien lo que hace!*

VER LAS ESTRELLAS

Federico Romano era el actorcete de moda.

Se había casado en secreto.

Pasó la noche de bodas en un hotel de Pinamar.

Un par de periodistas pescó el dato por casualidad. Cronista y fotógrafo se fueron a la conserjería del hotel para averiguar detalles.

—*No... Romano ya se fue. Esta mañana. Creo que se iban para Punta del Este.*

—Bueno, pero cuéntenos detalles.

—*¿Y qué quiere que le cuente?*

—No sé. Cualquier detalle. ¿Cómo fue la noche?

—*Bueno, la verdad es que la camarera escuchó detrás de la puerta. La flaquita es fanática de Romano.*

—¿Oyó todo?

—*¡Todo!*

—¿Y qué comentó?

—*Parece que la hizo clamar a la mina.*

—¡Carajo!

—*Sí, la hizo clamar. Todo el tiempo clamaba: "¡Aunque sea una vez! ¡Cogéme aunque sea una vez!".*

TE REBAJO

"Baje 10 kilos por 500 pesos"

Intrigado, entra, paga sus 500 pesos, abre una puerta y sale una preciosa morena que le dice:

—Si me alcanzás, hacemos el amor.

El gordito corre tras ella, pero no la alcanza, aunque sí logra bajar los 10 kilos.

Al día siguiente acude al mismo lugar. Entra, paga sus 500 pesos y al abrir la puerta, una rubia despampanante le dice:

—Si me alcanzás, hacemos el amor.

El gordito echa a correr tras la rubia sin tener éxito, pero sí consigue bajar los 10 kilos. El siguiente día decide volver, ya con menos kilos y pensando que ahora sí alcanzará a la rubia o a la morena. Llega, paga sus 500 pesos, y al abrir la puerta se encuentra con tremendo negro que le dice:

—*Si te alcanzo, te violo.*

¡VENI, VIEJA!

Doña Ernestina prepara una torta para festejar con su esposo los 65 años de casados.

De pronto escucha los gritos de su esposo.

—*¡Ernestina, Ernestina...!*

Doña Ernestina acude rápidamente.

—¿Qué pasa, viejito?

—*¡Ay, Ernestina!¿Por qué tardaste tanto?*

—¿Qué pasó?

—*¡Se me había parado! ¡Se me había parado!, pero ya se bajó. Ahora habrá que esperar. ¡Como esta maldita se pone dura una vez al año!*

Así pasan dos años.

Un día, cuando doña Ernestina lee tranquilamente en su cuarto, oye nuevamente los gritos de su esposo.

—*¡Ernestinaaa... Ernestinaaaa... !¡Rápido, rápido!*

Sin perder un segundo, la viejita baja las escaleras quitándose la ropa.

Cuando llega a la sala ya está totalmente en pelotas.

—*Ernestina, ¡la puta madre que te parió! La casa se está quemando ¡y vos caliente como una puta! ¡Dejáte de joder, Ernestina!*

Se reúnen los ferroviarios en un concurso para saber cuál tenía la pija más larga.
En la final, quedan tres: un ruso, un americano y un gallego.
La medición se haría con durmientes: tenían que poner el miembro en la vía y contar los durmientes.
Primero pasó el ruso.
Cargaba la pija en una enorme bolsa.
La dejó caer a lo largo de la vía.
A lo lejos se oyó la voz del juez:
—*¡Doscientos trece durmientes!*
Los rusos, contentísimos.
Turno del americano.
También llevaba su pene en una bolsa.
Lo dejó caer sobre la vía.
—*¡Doscientos ochenta y seis durmientes!*
Los americanos estallaron en una enorme ovación.
Cuando le tocó el turno al gallego, dejó caer sobre la vía su enorme cipote:
—*¡Cuatrocientos veinte durmientes!*
La hinchada gallega saltó de alegría. ¡Habían ganado!
Pero de repente se oyó un grito:
—*¡Cuidado! ¡¡¡Viene el tren!!!*
Y otro grito: el del gallego desesperado:
—*¡No os vayáis, coño! ¡Ayudadme a enrollar, carajo!*

¡HAY CADA BOLUDO!

El tipo llega a su casa por sorpresa.
Encuentra a su mujer desnuda en la cama.
—*¿Qué hacés a esta hora en la cama?*

—Me dolía la cabeza.

—*¿Y estos pantalones?*

—Ahhh, este... los compré para vos.

—*Son como dos talles más grandes que los que uso...*

—Pero los compré para vos...

—*Gracias, querida. Sos un ángel. ¿Y estos zapatos?*

—Ah... ehhh... me los prestó mi primo para vos.

—*Están medio viejos.*

—Pero son para vos.

—*¡Gracias, querida! Sos un amor.*

El tipo abre entonces el placard y se encuentra con un tipo desnudo.

—*¿Y usted qué hace aquí?*

—Mire, viejo: si usted se creyó todo lo que le dijo su mujer, yo no puedo mentirle: estoy *vendiendo garrapiñadas. ¡Calentita la garrrrraaaaaa! ¡Dos por un peso!*

¡QUÉ RAPIDEZ!

El conejo presumía de ser el más veloz de los animales. El topo se enojó y le dijo:

—*Te apuesto el culo a que soy más rápido que vos.*

El conejo aceptó y se fueron a correr.

El conejo arrancó a gran velocidad.

El topo se metió bajo la tierra.

Cuando estaba a punto de alcanzar la meta, el conejo se encontró con que el topo ya había llegado.

Resignado, *tuvo que pagar*. Intentando desquitarse, pidió la revancha.

El topo aceptó.

El conejo corrió a tremenda velocidad.

Al llegar comprobó que ya había salido primero el topo.

El pobre conejo *tuvo que pagar una vez más.*

A todo esto, una zorra había visto los hechos y le dijo al conejo:

—No seas boludo, conejo: son dos topos, uno está aquí y el otro en el otro hoyo. ¡Aviváte, gil, te están rompiendo el culo con trampa!

—¿Y...? *¿Me podés decir, a vos, qué carajo te importa, zorra metida?*

¡YO ME ACUESTO CON TU MADRE!

Un viejito como de 90 años, totalmente en pedo, entra a un bar y le grita a un tipo que está bebiendo una copa.

—*¡Yo soy bien macho! ¡Bien macho!*

—No lo dudo, señor.

—*Más le vale.*

El viejo se exaspera y grita más fuerte aún:

—*¿Ve a ese par de grandulones pelotudos que están en aquella esquina?*

—Sí, claro.

—*Bueno, yo me cojo a la madre de esos dos. ¡Porque esos dos son dos hijos de una gran puta!*

Al oír esto los dos tipos empiezan a acercarse lentamente. El joven que está tomándose su trago, presiente lo peor.

El más corpulento de los dos tipazos insultados por el viejo levanta los brazos y dice:

—Bueno, papá... andá para casa que ya es tarde. Y usted, joven, disculpe a mi viejo, por favor.

No es cierto

*No es cierto que el tamaño del pene influya, lo que pasa es que *los penes pequeños influyen menos*.

* No es cierto que para dar el salto del tigre se necesiten garras. *Lo que hacen falta son bolas*.

*No es cierto que a una violación masi*va* se le cargue el 12 por ciento.

*No es cierto que la música quede embarazada por estar *en cinta*.

*No es cierto que el sexo sea un factor importante de la vida. *Es el único que importa*.

Me crecio

—*Yo me casé para aumentar mi actividad sexual.*
—¡Qué curioso! Yo me divorcié por lo mismo.

Abstinencia

El gallego le pregunta al cura:
—*Padre, ¿y ustedes los curas, cómo se las arreglan con eso del sexo?*
—Con la abstinencia, hijo, con la abstinencia.
—*Pues siga usted con la abstinencia y deje en paz a la Eulogia que es mi novia. ¿Vale?*

Mariconcete

—Jorgito anda diciendo que yo soy maricón.
—*¿Y por qué anda diciendo que sos maricón?*
—Sólo porque mi pito tiene gusto a chocolate.

Entre los yuyos

Dos ricos esposos pasean por el jardín de su residencia custodiada por varios vigilantes. Al pasar por un arbusto él le dice a ella:
—¿Te acordás cuando éramos novios y hacíamos el amor en un arbusto como éste?
—*Claro, querido.*
—¿Qué te parece si recordamos nuestra juventud?
En el momento más inoportuno, un guardia oyó ruidos cerca del arbusto.
Se acerca y sorprendió a los esposos *"in fraganti"*.
—A ver, ustedes, ¿qué hacen ahí?
—*No se preocupe, joven, soy el dueño de la casa y, además, es la primera vez que sucede esto.*
—Está bien, señor. Usted puede irse. Pero a la mina me la llevo, porque ésta es *la quinta vez que la encuentro haciendo lo mismo detrás de los yuyos.*

Viejito sabio

El viejito era muy rico.
Y muy viejo.
Tenía más de 85.
Una noche llegó al prostíbulo al que iba una vez por mes.

—¿Está Teté?

—No, señor Tuberini. Pero está Margarita que es un pimpollo.

—*No, muchas gracias. Quiero a Teté.*

—Le puedo ofrecer a Ivonne. Es una francesa extraordinaria.

Tiene el cuerpo más maravilloso del prostíbulo.

—*No, gracias. Yo vengo por Teté.*

—¿Y si le ofrezco a Niní? Sabe que es la preferida del ministro, ¿no? ¡Y el ministro es un experto!

—*No, gracias. Quiero a Teté.*

—Pero, ¿se puede saber qué tiene Teté que no tengan las demás?

—*Teté tiene paciencia, señora. ¡Paciencia!*

UN REGALITO PARA EL CULO

Bruce era putísimo.

Una tarde entró en el consultorio del médico que le encantaba y comenzó a desvestirse.

—Doctor, tengo una molestia en el recto.

Bruce se echó boca abajo en la camilla.

El médico se acercó para observarlo.

Sorprendido, comprobó que Bobby tenía tres claveles en el culo:

—¿Y esto?

—¡Que los cumplas, feliz! ¡Que los cumplas, feliz! ¡Que los cuuuuumplas... doctorcitooooo... que los cumplas, feeeeliz!

GALLEGO IRRESISTIBLE

—No hay mujer que se me resista, Pepe.
—*¿Cómo es eso, Manolo?*
—Todas salen corriendo antes de tener que resistirse.

¡MUY FINO!

El jefe, amorosamente, le pregunta a la secretaria:
—*¿Cuándo te diste cuenta de que la cosa iba en serio?*
—Me da vergüenza decírtelo.
—*Vamos, ¿cuándo, cuándo?*
—Pues..., cuando estábamos duchándonos juntos y vos, sutilmente, dejaste caer el jabón en el que habías escrito: *"Aumento de sueldo para quien lo recoja".*

DECOROSA

Una secretaria le dice a otra:
—*El jefe me ha hecho proposiciones decorosas.*
—¿Decorosas?¿Estás segura?
—*Claro, me ha invitado a decorar su departamento con mis bombachas y mis corpiños.*

LA PUERTA DEL PLACARD

Era muy molesta.
La puerta del placard se abría.
Cuando alguien la cerraba, permanecía así durante un rato y después, en cualquier momento, se abría sola.

La mujer decidió llamar al portero para arreglarla.

Don José se daba bastante maña.

—*Mire, don José. Usted arregle nomás mientras yo voy al baño a ducharme.*

Don José llevó sus herramientas.

Hizo algunos ajustes.

Pero la puerta aún se abría.

Una y otra vez.

De pronto, recordó que podía ser el subte.

Como por debajo de la casa *pasaba el Subte D*, supuso que la vibración provocaba la apertura de la puerta.

Se metió dentro del placard para ver si esto era así.

Si tenía razón, al pasar el siguiente subte, la puerta se abriría.

A partir de ese momento *todo sucedió muy velozmente.*

La mujer salió del baño. Como no vio a nadie en la habitación, se echó en la cama a reposar.

En ese momento entró el marido que llegaba del trabajo.

Saludó a su esposa y abrió el placard para guardar su saco.

Y allí estaba don José, adentro del placard.

—*Pero, ¿qué carajos hace usted ahí y con mi mujer en bolas en la cama?*

Don José respondió con velocidad increíble:

—Vea, hagámosla corta: estoy aquí porque me cojo a su mujer. Porque si le llego a decir que, en realidad, *estoy esperando que pase el subte,* usted me caga a *trompadas.* ¿O no?

AL NATURAL

La pareja de recién casados llega al hotel.
Ella se quita las pestañas.
Se quita la peluca.
Se quita las uñas postizas.
—*Che, María, decíme, ¿tenés algo natural?*
—¡Sí! ¡Un hijo...!

PUTITITO

—¡Pasé por el taller de la esquina y un tipo me ofendió!
—*¿Por?*
—Me dijo que parecía un puto.
—*¿Y qué hiciste?*
—¿Qué iba a hacer? Me enojé y ¡empecé a pegarle con la carterita a ese yeguo de mierda!

MASOCO DE LEY

—Conozco el caso de un masoquista que confesó en la mesa de torturas.
—*¿No pudo soportar el sufrimiento?*
—No, de puro agradecido nomás...

GUERRA SANGRIENTA

El ejército invasor toma una ciudad.
Los soldados toman prisioneros.
Un grupo de soldados llega a una casa y encuentra

a tres minas absolutamente espectaculares acompañadas por su abuela.

—*¡Prepárense! Vamos a violarlas a todas hasta hacerlas sangrar!*

—¡Por favor, con nosotras hagan lo que quieran que somos jóvenes. ¡Pero tengan respeto por nuestra abuelita que es una anciana desvalida!

Y la vieja salta entonces y ordena:

—¡Ustedes se callan, pendejas de mierda! *¡La guerra es la guerra!*

NUEVAS CARAS

—Padre, he pecado. Me acosté con una mujer casada de este pueblo.

—*¿Quién es?*

—No puedo decirle su nombre.

—*¿Es la mujer del intendente?*

—No, padre.

—*¡Es la mujer del médico!*

—No, padre.

—*Mirá: si no me decís con quién pecaste, no te puedo dar la absolución.*

El joven sale de la iglesia.

Afuera lo espera un amigo.

—*Y... ¿te dio la absolución?*

—Ni ahí. Pero me facilitó un par de nombres ¡muy interesantes!

¿POR QUÉ ME CAGAS?

El tipo era un altísimo ejecutivo.
Pulcro, esmerado.

Tradición, familia, propiedad.

Misa todos los domingos.

Golf con clientes.

La moral por sobre todas las cosas.

Hijos en escuelas alemanas.

Punta del Este cada verano.

Europa por el placer de sus museos.

Japón, por negocios, tres veces al año.

Una mañana regresa de improviso a su casa y encuentra a su mujer cogiendo desaforadamente con un linyera sucio y rotoso.

Se queda helado.

—*¿Cómo me hacés esto?*

—Mirá...

—*No... no hables... esperá. Lo que no puedo entender es cómo estás fornicando con semejante desecho humano. Sucio, desprolijo, piojoso, desastroso, hambriento... ¿Por qué? ¿Cómo? ¿Por qué, Dios mío?*

—Mirá. Te explico por qué. Apenas vos te fuiste, apareció este tipo. Tocó el timbre y me preguntó: *"Señora, ¿tiene algo que no use?.. "*.Y ya ves...

¡QUÉ DIVERTIDO!

El tipo celoso está seguro de que su mujer lo engaña. Contrata a un detective para que la siga. Unos días después el detective se presenta con unos videos.

—Tengo aquí pruebas de que su mujer lo engaña. Mire...

La secuencia muestra a la esposa del tipo bailando con un hombre, luego cenando, en un parque de atracciones, nadando, y haciendo el amor en el campo y en una terraza.

—¡*No lo puedo creer!*

—Pero si acabo de mostrarle cómo su mujer y su mejor amigo se divertían juntos.

—*Es justamente eso... No puedo creer que mi mujer sea una mina con quien uno se pueda divertir tanto...*

EL PRECIO JUSTO

—¿Cuánto cobrás?

—*Cien pesos.*

—Bueno, vamos.

Van al hotel.

Todas las noches lo mismo.

Un cliente de fierro.

A la décima vez ella, extrañada, le dice:

—*Sos un cliente bárbaro. Siempre pagaste sin chistar. ¿Sos de aquí, de la Capital?*

—No, de Córdoba.

—*¡Qué casualidad! Yo tengo una hermana en Córdoba.*

—Ya lo sé, la conozco. Antes de salir para acá, me pidió que te pagara esos 1.000 pesos que ella te debía...

CONFUSEXO

Consultorio del ginecólogo.

—*Quiero tener un hijo, doctor.*

—Muy bien, ¡desvístase, señora!

—*¡Pero no, doctor, con mi marido!*

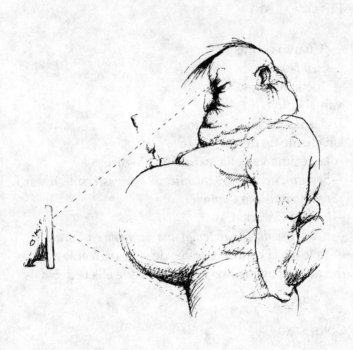

Sinceridad mortal

—Querido, yo te prometí ser muy sincera. Cuando nos comprometimos te dije que no era virgen. ¿Te acordás?
—*Claro.*
—Ahora debo confesarte otra cosa.
—*¿Qué?*
—Yo me encamé con muchísimos hombres.
—*Eso ya me lo dijiste, mi vida. Es cosa del pasado.*
—Relativamente. ¡Porque te estoy contando lo que hice durante estos *tres últimos días!*...

Plantita

Pasa una señora embarazada.
—Mami, mamita, ¿qué tiene esa señora en la panza?
—*Una semillita.*
—Entonces, todo lo demás debe ser tierra, ¿no?

Abrigadito

—¡Qué suerte, Susana! ¡Por fin conseguiste ese tapado de visón!
—*Sí, por suerte.*
—¡Yo hace años que lucho por tener uno igual! ¿Cómo lo conseguiste?
—*Es sencillísimo, María: sólo tenés que dejar de luchar...*

NOTICIA BOMBA

—¡Increíble! Acaban de descubrir un método que reemplaza a la fecundación artificial.
—*¿Cuál es?*
—El acto sexual...

LA TENIA MUY CLARA

Una joven llena un formulario para entrar a trabajar a una empresa.
Trabajo al que aspira: *Secretaria*.
Edad: *19 años*.
Sexo: *Todo lo que se pueda...*

SEXO FUERTE

—¡Quiero divorciarme de mi esposa!
—*Eso es sencillo.*
—Y después quiero casarme otra vez.
—*¿Ah, sí? ¿Y con quién?*
—¡Con ella misma!
—*Pero, ¿está en pedo? Todo el mundo se divorcia para casarse con otra persona.*
—¡Ah... eso lo dice porque no conoce a mi esposa! *¡Jamás me lo permitiría!*

MEDALLITA MILAGROSA

Una jovencita saludable y recatada sufre vómitos y mareos matinales.

Le explica a su familia que seguramente es porque se tragó una medalla de la virgen.

La llevan al médico.

Análisis, rayos X, ecografía.

El diagnóstico del médico:

—*El niño, desde luego lo tiene adentro, pero la virgen no se ve por ninguna parte.*

DE PLASTICO

Charlan dos amigas bastante putarracas.

—*¡Cómo han cambiado los tiempos, Soledad!*

—*¿Por qué lo decís, Eugenia?*

—*Desde que estamos en la era del plástico mis dos mejores amigos son mi tarjeta de crédito y mi vibrador.*

EL ALQUILER BIEN PAGADO

Golpean a la puerta.

La mujer contesta sin abrir.

—*¿Quién es?*

—Soy el propietario. Vengo a cobrarle el alquiler.

—*¡Ay! ¿No podría volver en dos horitas? En este momento acabo de empezar a pagar la cuenta del supermercado.*

PARA SACUDIRLA

Un náufrago llevaba ya varios años en una isla desierta.

Su única diversión era hacerse unas tremebundas pajas.

Pero tanto abusó, que ya no se le paraba.

Un día, mirando hacia el horizonte, exclamó:

—¿Qué veo? ¡Un barco! ¡Y naufraga! ¡Hay un superviviente... viene hacia aquí! ¡Es una mujer! ¡Y está buenísima! ¡Qué tetas, qué culo! ¡Qué buena está esa mina!

En esto, el pene se le pone duro.

Lo agarra con las dos manos y le dice con rabia:

—¡Te engañé, hijo de puta!

APARATO INFERNAL

El Rey Arturo tenía que salir en una expedición.

Como temía por su honor, le pidió a su amigo, el mago Merlín, que le preparase un cinturón de castidad para su esposa Ginebra. Después de unos días el aparato estuvo listo.

Al examinarlo, el Rey advirtió que tenía un gran agujero en la parte que debería haber estado más protegida.

—¿Y esto, Merlín?

El mago tomó una de sus varitas mágicas y la introdujo por el agujero.

Inmediatamente cayó una afilada hoja que partió limpiamente la vara en dos.

—¡Qué buen invento!

Encantado con el aparato ordenó a la doncella de la Reina que le colocara el aparato y le diese la única llave.

Tras la campaña, el Rey regresó a Camelot.

Reunió a los Caballeros de la Mesa Redonda y los sometió a un examen físico.

Todos presentaban heridas y cortes en sus órganos masculinos... menos uno, Lancelot del Lago.

—¡Mi buen Sir Lancelot! —declaró el Rey—. *¡Sois el único que ha mantenido el honor de la Tabla Redonda al no intentar mancillar mi honor! ¡Pedidme lo que queráis y será vuestro! ¡Hablad!*

Sir Lancelot no pidió nada.

Sir Lancelot no abrió la boca.

A Sir Lancelot *le faltaba la lengua*.

COSITAS DEL SEXO

—Querido, nuestro hijo ya se está convirtiendo en un hombrecito... ¿no sería hora de que le hablases de las abejas y los pajaritos?

El padre acepta hablar con su hijo.

Lo convoca y le dice:

—Hijo: *¿te acordás de lo que hiciste en Mar del Plata el verano pasado y te llevé a ver a mi buena amiga Chantal?*

—¿Cómo lo iba a olvidar, viejo?

—*Bueno, pues ya es hora de que sepas que las abejas y los pájaros también cogen.*

LA VIRGINIDAD, DAD, DAD, DAD...

Juan iba a casarse con una chica de la que estaba enamoradísimo.

Su única preocupación: que no fuera virgen.

Aunque, en realidad, se tranquilizaba al pensar que la muchacha había estado interna en un colegio de monjas hasta aquel momento.

La noche de bodas fue un delirio constante de felicidad: la novia movía maravillosamente las nalgas, exprimiendo una y otra vez el duro miembro de Juan.

Al día siguiente, Juan estaba hecho pomada.

—*¿Qué te pasa, Juan, mi amor?*

—Creo que has estado con otros hombres antes que conmigo. De otra forma no se explica que te hayas comportado en la cama como una experimentada puta, si me entendés lo que te quiero decir... ¡dulce!

—*Pero, ¡qué pedazo de boludo sos, Juancito! ¡Tanto quilombo por una boludez!*

—¿Y todavía te reís de mí?

—*No, flaquito. Te explico: en el colegio teníamos una clase prematrimonial.*

—¡Claro! ¡Y allí cogían como locas!

—*La clase consistía en introducirnos un pequeño lápiz en el culo y, con él, teníamos que escribir en un papel el número 888 cien veces... ¿Qué tal el ingenio de las monjitas, eh?*

LORO GUACHO

En tiempos de la dictadura franquista, una pareja de policías que va por la calle escucha de repente un grito:

—*¡Franco, hijo de puta...!*

Suben velozmente a la casa de la que ha salido el grito.

—¿Quién es el subversivo que insulta al Generalísimo?

—Es el loro, señores policías.

Efectivamente, hay allí un loro que grita:

—*Franco, hijo de puta...*

—Pues tienen tres soluciones. Una: matan al loro. Dos: lo encierran donde nadie lo oiga. Tres: nos los llevamos a todos a la comisaría.

Ante el dilema, deciden encerrar al loro en el gallinero del patio.

Llega la noche y el gallo, que ha visto a un bicho nuevo en sus dominios, trata de montárselo.

El loro, indignado, le grita:

—*¡Quita de ahí, gallo gilipollas! ¡Yo estoy preso por cuestiones políticas, no por maricón!*

GRACIAS LAS PELOTAS

Erase una vez una hormiga que quería cruzar un río, pero como era muy caudaloso y profundo, no podía atravesarlo sola.

Vio que por allí pasaba un elefante y le pidió ayuda.

—*¡Naturalmente! Dale, subí.*

Vadeado el río, la hormiga le dijo:

—Bueno, muchas gracias.

—*¿Cómo que gracias? Gracias las pelotas. ¡Ya mismo te bajás la bombachita!*

TRES POLVOS

Un grupo de ancianos está reunido charlando:

—*Yo todavía echo tres polvos al año.*

—¡Bah, eso no es nada! Yo todavía soy capaz de echar mis buenos cinco.

Mientras los demás presumen de su "virilidad", el más viejito ríe a carcajadas.

—¡Pero de qué te reís, si todo el mundo sabe que no podés echarte más que uno al año...!

—*¡Sí!, ¡pero es que hoy me toca!*

Mariquitas piolas

—Oye, y tú ¿cómo tomas el consomé?
—*Con un huevo dentro.*
—¡Huy, qué postura más difícil!

Sin excusas

La mujer, cansada de la falta de delicadeza de su marido al hacerle el amor, decide ponerle excusas.
—¡Cojamos, vieja!
—*No. Estoy con la regla.*
—Bueno, entonces date vuelta.
—*No. Tengo hemorroides.*
—Está bien pero, no me vas a decir que también tenés anginas, ¿no?

El cañito

Dos nenas andaban en bicicleta en el jardín de su casa.
La madre las llamó para comer.
Las nenas seguían con la bicicleta, felices, encantadas.
Después de llamarlas varias veces la madre, enojada, les grita:
—*Chicas: o vienen a comer ¡o le pongo el asiento a la bici!*

Amantes eran los de antes

—*Abuelita, ¿qué es un amante?*
La abuela piensa durante veinte segundos.

De pronto la cara se le estremece.

Deja el tejido. Salta de su mecedora, se pone en pie y corre hasta el desván.

Se precipita sobre un viejo armario de roble, abre la puerta *¡y cae al suelo un esqueleto!*

HUEVAZOS

—A ver, alumnos, ¿cuáles son las aves que ponen los huevos más grandes?

—*¡Avestruz!* —grita uno de los niños.

—Muy bien. A ver otro más...

—*¡El mosquito!*

—No, querido. Estás equivocado: los mosquitos no ponen huevos grandes.

—*¡Ja! ¡Pobre de usted! Pregúntele a mi abuelo. El otro día lo picaron los mosquitos ¡y le dejaron los huevos grandes como sandías!*

LIMA NUEVA

—*Doctor, a ver si puede hacer algo. Tengo doce hijos. Quisiera no tener más. Es excesivo.*

El médico le practica una vasectomía.

Un año después, el tipo regresa al consultorio.

—*Doctor... no funcionó. Mi mujer acaba de parir otro bebé.*

—¡Ajá! Vamos a resolver esto.

—*¡Ah!, ¿sí?*

—¡Enfermera, tráigame una lima grande!

—*Pero, ¿qué me va a hacer? ¿Me va a cortar la pija?*

—No, mi viejo. Pero le voy a limar un poco los cuernos.

¡SEXO SIN ABUSOS!

Eran un matrimonio súper jovato.

Ella tenía 79.

El tenía 87.

Deciden reeditar su luna de miel.

Se van al Caribe.

Playa, sol, bebidas, mar. *Una maravilla.*

Cenan a la luz de las velas.

Bailan un vals "de los de antes".

Después, se van a la habitación.

Se desnudan. Apagan las luces.

El viejito *acerca la mano lentamente.* Muy suavemente.

Ella se hace la distraída.

El *roza un poquito la mano de su mujer...* y se duerme.

Al día siguiente, pasan una jornada espectacular.

Por la noche, otra vez las velas, el champán.

Una vez más, se acuestan.

El *acaricia furtivamente la mano* de su esposa.

Duermen.

Y al otro día, mañanas inolvidables, tardes espectaculares.

Por la noche, la misma escena.

Al octavo día, el viejito acerca su mano.

Cuando está por tocar a su mujer, la escucha que le pide:

—*Hoy no, viejo: ¡estoy indispuesta...!*

METÉMELA

La mina, aprovechando la ausencia del marido, había contratado a un prostituto cuya fama le señalaba como el más caro y mejor dotado. El tipo tenía milimetrado el pito con un tatuaje y cobraba tarifa según la longitud de la penetración, *a cien pesos el centímetro.*

La mucama, inclinada sobre el ojo de la cerradura, observaba relamiéndose el desarrollo de aquel negocio.

Vio cómo la señora echaba mano al monedero y sacaba dos mil pesos, y los metió en el bolsillo del pantalón del turrito.

—*¡Le va a meter veinte centímetros, cielo santo!* —calculó la sirvienta muriéndose de envidia.

Y no se apartó de su observatorio hasta que los veinte centímetros salieron mustios después de haber entrado arrogantes.

En la puerta de calle la mucama detuvo al prostituto y le dijo:

—*Flaco, ya sé que a vos te gustan las señoras de mucha guita, pero quizás tengas algún ratito libre para una mujer pobre...*

—Yo no discrimino a nadie. Mi pija está al alcance de todos los bolsillos. Ya sabes, es sólo cuestión de más o menos longitud. ¿Tú de cuánto dinero dispones?

—*Mirá, yo quisiera que me metieras veinticinco pesos, pero de la parte de atrás...*

EL FORNICAR

—Mi vida, ¡antes de casarme con vos no sabía cómo era coger!

—*¿Y ahora? Supongo que ya lo sabés.*

—Ahora sí, hoy lo leí en el diccionario...

Pequeñas cosas

—Mirá, Rodolfo: a mí me interesan sólo las pequeñas cosas de la vida...
—*¡Qué espiritual y desinteresada sos, María!*
—Sí, me encantan los pequeños brillantes, los pequeños diamantes, las pequeñas, los pequeños billetes de cien dólares...

Feliz matrimonio

—Mi mujer y yo llevamos veinte años de feliz matrimonio.
—*¿Veinte años felices? ¿Cómo hicieron?*
—Mi esposa y yo salimos tres veces por semana a reventar la noche. Cenamos, bailamos, cogemos desaforadamente.
—*¡Qué bien! ¿Qué días salen?*
—Ella los martes, jueves y sábados. Yo los lunes, miércoles y viernes.

¡Qué noche, hermano!

—¡Anoche pasé momentos maravillosos!
—*¿Adónde fuiste?*
—A ningún lado. Soñé que estaba en un circo y me metía en la jaula de los leones, después actuaba con los payasos y con el mago..
—*¡Yo también soñé! Estaba en un harem, rodeado de minas que me chupaban la pija. Unas odaliscas me sometían a todos sus deseos. ¡Me acariciaban de a veinte!*
—¿Y por qué no me llamaste, guacho? ¡Te la comiste solo!

106

—*Te llamé, te llamé, flaco. Te llamé como cinco veces, pero me dijeron que estabas en el circo...*

HORMONOS

—¿Una mujer logró tener un bebé inyectándose hormonas de mono?
—*¿Y qué salió? ¿Nene o nena?*
—Todavía no saben, están esperando que el bebé se baje de la araña del hall del hospital...

HACER EL AMOR

—Rabino, ¿se puede fornicar los sábados?
—*Sólo una vez. Dos ya sería trabajo.*
—¿Y el Día del Perdón, se puede?
—*Sí, pero con la esposa. Ese día no puede haber placer.*

APUESTAS

El cliente era una mina de oro. Semanalmente llegaban a su cuenta dos, a veces tres, cheques con cantidades millonarias.
Lo curioso era que ningún empleado lo conocía ni podía dar referencia de sus actividades financieras.
Hasta que un buen día apareció en persona para ingresar una fuerte cantidad y el director lo invitó a una copa en su oficina.
—*¿Quiere que le diga la verdad? Estamos todos intrigados, respecto a su persona. ¿Sería mucha indiscreción preguntarle a qué se dedica?*

—En absoluto. Me dedico a las apuestas.

—*¡Ah! ¿Casino, carreras de caballos?*

—No, no, más sencillo que todo eso. Yo apuesto cantidades fuertes a que tengo cuatro huevos.

—*¿Cuatro huevos? ¡No joda! Ese fenómeno no se ha dado jamás en la naturaleza humana.*

—¿Ve? No se lo cree. Y estoy seguro de que usted es capaz de apostar ahora mismo un par de millones, ¿a que sí?

—*Desde luego. Usted tendrá otro secreto para ganar dinero, pero lo que no puede tener es cuatro huevos.*

—¿Entonces apuesta los dos millones?

—*Sí, hombre, aunque sé que es una broma suya.*

—Bien, entonces haremos una cosa. Puesto que desde aquí nos contemplan sus empleados a través del cristal y como también podrían pensar mal si nos encerramos solos en el baño, haremos lo siguiente: salimos a la puerta del banco y, cuando usted vea que nadie se fija, me mete la mano por la bragueta y palpa el contenido, ¿de acuerdo?

—*De acuerdo, vamos.*

Salieron a la puerta del banco y se detuvieron en mitad de las escaleras.

Cuando el ejecutivo observó que sólo había un par de transeúntes, metió la mano por la bragueta del apostante y buscó los huevos.

Por más que revolvió de arriba abajo, no encontró más que dos piezas colgando bajo la picha.

—*Amigo mío, lo siento por usted, pero ha perdido dos millones...*

—Pues sí, usted ganó dos millones... pero yo también gané otros dos.

—*¿Cómo ganó otros dos millones?*

—Muy fácil. Mire hacia arriba. Frente a usted, en el

tercer piso. ¿Ve a un tipo alguien observando con unos largavistas? A ése le aposté cuatro millones a que *usted me tocaría los huevos en la puerta del Banco.*

Picha brava

Los nuevos reclutas gallegos pasan revisión médica. Están en pelotas. Todos se observan de soslayo, comparando atributos.
De repente, carcajada general.
Un fornido atleta se incorpora a la fila luciendo pija no mayor que un modesto dedo meñique.
Cuando se percata de que el alboroto va por él, saca pecho y se abre de piernas:
—*¿Qué pasa? ¿Es que nunca habéis visto a un tipo con una erección?*

Muy embarazada

Los padres desconsolados de una niña de 16 años que está embarazada, consultan a su médico.
—*No voy a hacerle un aborto.*
—Pero, doctor...
—*De ninguna manera.*
—Pero, ¿qué vamos a hacer? Es una niña casi.
—*Creo que tengo una solución.*
—¿Cuál, doctor?
—*Vamos a hacer creer a una de las mujeres que está internada en mi clínica para operarse de apendicitis, que en realidad estaba embarazada y que ha tenido un hijo.*
Todo parecía perfecto. Pero...
En el momento del alumbramiento no hay ninguna mujer en la clínica.

Después de pensarlo mucho, el médico decidió entregarle el bebé a un sacerdote que acaba de ser operado de apendicitis.

—*¡Oh, esto es una bendición divina!* —dijo el curita y se hace cargo del bebé.

El cura crió al niño.

Pasaron muchos años.

El niño creció. Era ya un hombre cuando el cura lo llamó a su lecho de muerte.

Con lágrimas en los ojos, ya a punto de morir, el sacerdote le confesó:

—*Siempre te he dicho que era tu padre, pero ¡en realidad soy tu madre, hijo! Tu padre, tu verdadero padre, ¡es el Arzobispo!*

¡NOS ECHAMOS UN POLVO!

—*¿Qué te pasa, hombre?*

—Es que todo el atractivo de la luna de miel se fue. Todo se ha convertido en rutina. Ya nada nos entretiene.

—*Deben intentar nuevos lugares, nuevas horas, dejarse llevar por la imaginación.*

Poco después vio a su amigo mucho más feliz.

—*Parece que seguiste mis consejos.*

—Sí, una noche estábamos comiendo, nos miramos y supimos que queríamos, sacamos el servicio y nos hicimos el amor sobre la mesa.

—*¡Bien! Ahora son ustedes muy felices.*

—El único inconveniente es que nos prohibieron la entrada al *Palacio de las Papas Fritas*.

Le quito la costumbre

—Mi marido llegaba todos los días a las tres de la mañana.
Pero le quité la costumbre.
—¿Cómo hiciste?
—Sencillísimo. Una noche, eran las 3 y media y le dije: "¿Sos vos, Pablo?".
—¿Y así le quitaste la manía?
—¡Claro! El se llama Antonio.

Gran estilo, el hungaro

Un tipo llega a un prostíbulo y pregunta a la dueña:
—¿Alguna de las chicas conoce el estilo húngaro?
—No. Ninguna de mis niñas conoce ese estilo.
El tipo estaba a punto de irse cuando una morocha espeluznante lo detuvo.
—Yo conozco el estilo húngaro.
Subieron a la habitación de la morocha y allí la mujer confesó:
—En realidad no conozco el estilo húngaro, pero si me lo enseñás, yo pago la mitad.
—Ese es el estilo húngaro.

¡Dios mio: Batman!

—Pero, ¡sos loco, maricón de mierda! ¿Cómo traés al departamento a una monja y a la rastra? ¿Querés que nos metan presos?
—¿Una monja? ¡Ayyy, qué horror! ¡¡¡Creí que era Batman!!!

YO SOY EL MACHO

Las dos mariquitas llegan a un acuerdo:
—*Nos vamos a acostar juntas. Pero va a hacer de hombre el que acierte esta adivinanza: ¿Qué animal anda por los techos y hace "miaauuuu"?*
—¡El cocodrilo!
—*¡Acertaste!*

DALE QUE...

Un tipo muy fachero entró a un café y le preguntó a una de las mujeres si quería dar una vuelta en su auto.
—*Estoy lista en 5 minutos.*
Subieron al auto y atravesando la ciudad llegaron al tope de un camino polvoriento.
El tipo paró el auto y dijo:
—¿Y?
—*Bueno, me convenciste.*

PECADO DE MASTURBACION

—Padre, ¿es malo meterse el dedo?
—*¡Malísimo! ¡Eso es el pecado de la masturbación!*
—¿Y por qué mi mamá dice que sacarse los mocos de la nariz es simplemente mala educación?

¿A QUIÉN LE GUSTA?

Una vieja de setenta y tres años va al médico.
—*Desvístase, señora.*

—¡Señorita! ¡Y esto no me gusta nada! ¡No me gusta nada!

—*¿Y usted cree que a mí sí?*

Amar a los hermanos

—*Padre, me acuso de amar a mis hermanos.*

—Amar a los hermanos no es cosa mala, hija.

—*Entonces, ¿por qué mierda mi tía me dijo que el incesto es pecado?*

¡Qué pedazo de cornudo!

Un tipo va por la calle y de pronto oye que le gritan:

—*¡Adiós, cornudo!*

Llega a la casa y se lo dice a su mujer, indigando. Ella le dice que se quede tranquilo, que lo hacen sólo por molestar. Al día siguiente, vuelve a pasar por la misma calle y escucha:

—*¡Adiós, cornudo y buchón!*

Es muy malo

Comer en exceso, *es malo.*

Fumar en exceso, *es malo.*

Beber en exceso, *es malo.*

Coger en exceso, *¡es un milagro!*

CUANTO MAS LARGA, MEJOR

—¿Cómo te las arreglás aquí en la oficina para evitar el acoso de tus compañeros, María?
—¡Sencillísimo! Digo que sólo admito pijas de cuarenta centímetros.
—¿Y si alguno la tiene de ese tamaño?
—¡Qué suerte! ¿No?

POR LOS HUEVOS

—¿Qué hora es, señor?
El tipo se toca los huevos y contesta:
—*Las diez y cuarto exactas.*
—¡Ay! Pero, ¿cómo sabe la hora si ni siquiera miró el reloj?
—*¡Es que yo digo la hora que me sale de los huevos, señora!*

EL HOMBRE DE SU VIDA

—¡Qué tímida era la tía Gloria, qué tímida!
—*¿Por?*
—Se pasó diez años buscando al hombre de su vida. Y cuando lo encontró, no supo cómo decírselo a su marido.

HACER O NO HACER

—¿Cuándo empieza la vejez?
—*No sé.*

—Cuando te pasás toda la noche pensando en lo que antes hacías toda la noche.

BUENAS TETAS

—El tipo estaba encantado con mis tetas.
—¿Y?
—Me pidió el teléfono de mi cirujano plástico.

NUDO EN LA PIJA

El jefe a la secretaria:
—*Espero que la próxima vez que nos avisen que viene mi esposa no se ponga tan nerviosa.*
—¿Nerviosa yo?
—*Sí... ¿o cómo definiría haberme hecho el nudo de la corbata con la pija?*

¡NO SOY DE ESAS!

—¿Querés coger?
—*¿Qué te parece pensar que soy una de ésas?*
—Está bien. Me equivoqué. Agarrá tu ropa, vestíte y ¡fuera de mi cama! Ah, tomá: ¡lleváte los forros que trajiste!

¡ABRIENDO LAS PIERNITAS!

—¿El corazón tiene piernitas, mami?
—*No, querido, ¿por qué?*

—Porque casi todas las noches papito le dice a María, la mucama: *"corazón, abrí las piernas"*.

MARIQUITA COLMADO

—¿*Sabés cuál es el colmo de un marica?*
—Sí, que en Francia lo conozcan como *"Gérard, le roi de la sensualité"* y en el barrio le digan: ¡*Puto de mierda!*

UNA DE DOS

—Mire, señorita: no estoy seguro de qué es lo que tiene. Una de dos: Espera un hijo o está a punto de engriparse.
—*Debe ser un hijo, doctor. No conozco a nadie con gripe.*

LA MITAD DEL SEXO

—Usted está perfectamente. Pero debe olvidarse de la mitad de su vida sexual.
—¿*De qué mitad debo olvidarme, doctor? ¿De la que hablo o de la que pienso?*

CULO GRANDE

—¡Quisiera que mi novia tuviera un culo de tres metros!
—¡*Sos un asqueroso y un vulgar!*
—¡Pero si lo tiene de seis!

No me cagaba a palos

—Voy a dejar a mi marido.
—*¿Por qué?*
—Ya no me ama. Antes, cuando me encontraba con otro, lo cagaba a palos. Las dos últimas veces ya empezó a cagarme a palos a mí.

Metete adentro

El vendedor de enciclopedias toca el timbre. Sale la señora de la casa:
—*Buenas tardes. ¿Está su marido en casa, señora?*
—¡No! ¡Pasá y cojamos rápido porque no tarda en volver!

¡Milagro, milagro!

—Querido, hace treinta años que estamos casados. Necesito aire nuevo, sentir la vida, el sexo, rejuvenecer...
—Bueno, ¿qué me estás pidiendo? ¿La separación o un milagro?

Pasa, pasa y mira.

El tipo llega a su casa muy borracho. Lo acompaña un amigo.
—*Vení, pasá... te muestro: ese es el comedor... aquí la cocina... y éste es el... dormitorio. Esa que está en la cama*

es mi esposa... y ése que se la está cogiendo... soy yo.
Sigamos...

PAJITA EN EL CINE

—¡Mamá, mamá! ¡El señor que está a tu lado se está masturbando!
—*¡Vos no mirés, nena! ¡No mirés!*
—Bueno, pero se está masturbando con "tu" mano.

MANOS DE SANTA

—¡Mamá, mamá, tengo ganas de hacer pis! Que la abu me lleve al baño.
—*¿Por qué la abuelita, Jorgito?*
—Porque a ella le tiembla la mano ¡y me da un gustito!

FORAJIDOS

Los forajidos entran al convento.
—A estas monjas nos las vamos a coger a todas. Menos a esa monjita vieja.
—*¡Ah, no!* —dice la viejita—. *¡Nada de eso joven!*
¡Promesas son promesas!

CACHITO COMILON

—¿Qué tal me queda el rimmel?
—*El de las pestañas bien, Cachito. Pero, ¡el de las cejas y el del bigote!*

JUEGO POR SEXO

—Querida, tenés que acostarte con Juan. Acaba de ganarte en una partida de póker.
—*¡Qué bajo has caído!*
—Ya lo sé, mi vida. ¡Imagináte! ¡Estuve a punto de apostar dinero!

VIEJITO COGEDOR

Un viejito le pregunta a otro.
—¿Cuánto hace que no vas con mujeres, Juan?
—*¿Mujeres? ¿Qué es mujeres?*

MAS O MENOS

—Querido, ¿cómo podríamos hacer más emocionantes nuestras relaciones sexuales?
—*No sé. No sé. Pero por ahora, ¿qué te parece si tomás parte en la orgía en lugar de mirar?*

MUY BRUTO

Mi marido es un intelectual y usa la cabeza para todo.
—¡Qué cosas tiene la vida! Mi marido es muy bruto, muy bruto, muy bruto ¡pero jamás se le ocurrió que yo la tuviera tan abierta!

NADA DE SEXO

—Su salud es muy mala. Dejará el cigarrillo, comidas rigurosamente vigiladas. Y de sexo, ¿cómo anda?

—*Tres veces por semana: lunes, miércoles y viernes.*
—El miércoles va a tener que eliminarlo.
—*¿Está loco? ¡Es el único día que estoy en casa! ¡Mi mujer me mata!*

¡COMO CIEN AÑOS!

—¿Usted quiere saber qué hacer para vivir cien años? Deje de fumar, deje el alcohol, las mujeres y las comidas copiosas.
—*¿Con eso usted me asegura que tengo la posibilidad de vivir cien años?*
—Mire: seguro, seguro, no hay nada. Pero si hace lo que le dije, ¡va a tener la sensación de que vivió como cien años!

ACOMODATE

—Vamos a tener que quitarle esa muela, señora.
—*De ninguna manera. Prefiero mil veces tener un hijo que sacármela.*
—Como quiera. ¡Permítame, entonces, cambiar la posición del sillón!

UNA CONCHA

El psicoanalista dibuja un círculo y le pregunta al paciente:
—¿Qué acabo de dibujar?
—*Una concha.*
El psicoanalista dibuja un triángulo.

—¿Qué acabo de dibujar?

—*Una concha.*

El psicoanalista dibuja un cuadrado.

—¿Qué acabo de dibujar?

—*Una concha.*

—Bueno, obviamente, tiene usted una fijación con el sexo...

—*¡Pero por favor, doctor! ¿Yo una fijación? ¡Es usted, que dibuja siempre las mismas porquerías!*

LA CATRERA

El "hermanito" de la mina no se iba. El novio le dice:

—*Che, pendejo, tomá dos lucas y andáte a la cama.*

—Mejor dáme cincuenta y te la alquilo. ¿Hecho?

PECADORES CASADOS

—¿No es cierto, padre, que hacer el amor dentro de la institución matrimonial no es pecado?

—*Claro que no.*

—Entonces, ¿puedo seguir cogiendo con minas casadas?

AL BULTO

—*Padre, me acuso de coger con el primer tipo que se me cruza. Soy una calentona. Me humedezco apenas veo un bulto. ¿Usted cree que podré salvarme?*

—...

—*¿Podré salvarme, padre?*

—Mirá, por hoy te salvás porque tengo una misa en cinco minutos, pero veníte mañana a esta hora; y vas a ver que *¡no te salva ni Dios!*

SE LA TOQUÉ

—Acúsome, padre, de que anoche estando con mi novio... este... una no es de palo y le estuve toqueteando la pij...
—Pero, ¡eso es pecado! Tres padrenuestros y lávate las manos en la pila de agua bendita.
La mina, llorando, va hasta la pila del agua bendita.
Una amiga, al verla lagrimear, le pregunta:
—*¿Qué sucede?*
—Porque le toqué la pija a mi novio, el padre José me mandó a rezar tres padrenuestros y a lavarme las manos en agua bendita.
—*¡Uy! ¡Pará, pará.. ¡no me ensucies mucho el agua que a mí me va a tocar hacer gárgaras!*

LOS TERRIBLES CELOS

—Mi marido, que me lleva cuarenta años, ha dejado de ser celoso sin motivos.
—*Ya no te cela.*
—Sí, pero ahora *tiene* motivos.

VIOLAR MAS O MENOS

—¡Hijo de puta! Te voy y a acusar en la policía de que me violaste cinco veces.

—¿Cinco? ¡Fue una sola vez, señora!
—¿Cómo? ¿Ya te vas?

EL PRIMER AMOR

—¿Soy el primer hombre que has amado?
—Podría ser. Tu cara me resulta conocida.

CAMBIO DE SEXO

Dos mariquitas:
—Decíme, Juanmi, ¿te gustaría cambiar de sexo?
—*¡Ay, no! ¡Yo no sería hombre por nada del mundo!*

CAMBIO DE RAMO

—Ay, Pepe. ¿Vos creés que lo maricón se me nota mucho?
—*¡Hombre! Si no fuera por los tacos altos, la minifalda y los aritos...*

MUCHO MAS GRANDE

—*Padre, me acuso de ser exhibicionista.*
—Debes rogar a Dios, hijo. ¡Ruega a Dios!
—*Yo le ruego todos los días. ¡Pero la pija no me crece!*

CURA MARIQUITA

—*Padre, quiero ser cura.*
—¿Con lo mariquita que sos? ¡Qué ocurrencia!

—¡Ay, padre, no me diga eso! Yo dejaría de ser como soy si me dejaran llevar maxifalda negra como a usted.

PRESENTAME AL SEÑOR

Una pareja cogía desaforadamente en una esquina del Centro.
A su lado, un tipo mirándolos.
Llegó un policía.
—¿Qué sucede?
—*Fue un caso de amor a primera vista.*
—¿Cómo es eso?
—*Los dos son amigos míos. ¡Estoy esperando que terminen para presentarlos!*

CON LA BOQUITA, FLACO

—¿Cómo sabés cuando el tipo con el que empezás a salir es un verdadero perdedor?
—*Ni idea.*
—Cuando le sugerís sexo oral, se va a su casa para llamarte por teléfono.

ELEFANTASIAS

* —¿Cómo te das cuenta de que un elefante ha estado cogiéndose a tu esposa?
—*Ni idea.*
—Cuando comprobás que tiene la vagina más ancha que la cadera.

125

* —¿Qué usan los elefantes como tampones?
—Ni idea.
—Ovejas.

* —¿Cuánto le cobran al elefante en el prostíbulo?
—No sé.
—25 por el servicio y 2.500 por el forro.

* —¿Qué es lo primero que hay que recordar cuando uno va a coger con una elefanta?
—No sé.
—Jamás dejarla a ella arriba.

* —¿Por qué los elefantes tienen las pezuñas amarillas?
—Ni idea.
—Son demasiado grandes para levantar la pata cuando mean.

CON CIENCIA

—¿Cómo se le dice a un hombre al que se le ha roto el preservativo?
—No sé.
—Papá.

CERVECERIA EN EL SEXO

—¿Cuál es la diferencia entre la cerveza y el pis?
—No sé.
—Unos veinte minutos.

Animalitos de Dios

—¿Cuáles son los cuatro animales que toda mujer quiere
en su casa?
—No sé.
—Un tigre en la cama. Un visón en el placard. Un ja-
guar en el garage y un burro que pague por todo.

Yo tengo, vos no

Jardín de infantes.
Nenito se baja pantaloncitos y dice a nenita:
—¿Ves? ¡Yo tengo algo que vos no tenés!
—Sí, pero mi mamita me dijo que con lo que yo tengo
voy a conseguir montones como el que tenés vos.

¡Qué hijo de puta!

—¡Mamá, mamá, en la escuela me dicen que soy un
gángster!
—¿Qué te dicen, querido?
—¡Yo no repito las cosas, nena!

Nombre de mierda

—¡Che, qué nombre feo tenés!
—Es que cuando nací, mamá se enfermó y tuvo que
quedarse en el hospital.
—¿Y?
—El día que papá se iba al registro civil para ano-
tarme, mamá le dijo: "¡Y no te olvides de ponerle talco
en el culo!".

Para tenerlo todo

Dos náufragos, después de flotar a la deriva durante meses, llegan a una isla paradisíaca.
—¡Qué mala pata! ¡Si al menos uno de los dos hubiese sido mujer!
—*Por mí...*

Mujer, siempre mujer

—*¡Juan nunca me ha hecho sentir mujer! ¡Nunca! ¡Nunca!*
—No desesperes, Rodolfo. ¡No desesperes!

Supositorio

—*¿Cuál es el colmo de un supositorio?*
—No sé.
—*Derretirse cuando ve un buen culo.*

Ruleta rusa

—*¿Conocés la nueva ruleta rusa para homosexuales?*
—No.
—*Hay que elegir entre seis hombres. Uno de ellos tiene sida.*

¡Gritos de dolor!

—¿Cómo se hace gritar dos veces a una mujer?
—*No sé.*

—Primero te la cogés por el culo. Después te limpiás en su cortina.

TETAS, TETAS, TETAS

Dos bebitos conversan:
—*A mí me alimentan a teta.*
—A mí me encantaría que mi mamá me alimentase con la teta. Pero no. Tengo que chupar de esa goma horrible que tiene la mamadera.
—*Pará. Pará un cachito. No te vayas a creer que lo mío es maravilloso. ¿Vos sabés lo que es compartir un pezón con un tipo que fuma cien fasos por día?*

MALAS PALABRAS

—¿Cuáles son las dos palabras que jamás querría escuchar una esposa mientras está cogiendo en su casa?
—*No sé.*
—"¡Querida, llegué!"

CON PROBLEMAS

El turrito entra en el bar. Se acerca a una mina que está sentada en la barra y le pregunta:
—*¿Querés coger?*
—¿En tu casa o en la mía?
—*¡Ah, no, ¡si ya empezamos con problemas!...*

¡A LA PEPITA!

Un coronel gallego reúne al regimiento en el patio de armas.

—¡Sois una pandilla de imbéciles! ¡No tenéis orgullo! Mil cien hombres van todos a follar con una tal Pepita... ¡Ah, pero yo os castigaré! Quien haya ido con esa joven, que dé un paso al frente...

Todos dan el paso menos un soldado.

—Bravo —exclama el coronel—, veo que tú todavía tienes pundonor y amor al cuerpo. ¡Te condecoraré! ¿Cómo te llamas?

—*Pepita, mi coronel.*

¡FUERA, FUERA!

El paciente entró en el estudio del psiquiatra haciendo chasquear los dedos sin parar:

—*Cálmese. ¿Por qué hace eso?*

—Es para mantener alejados a los elefantes que están cogiendo.

—*¡Pero aquí no hay elefantes cogiendo!*

—¿Vio? Funciona.

¡QUÉ SUERTE!

En la oficina. Charlan los gallegos:

—¡No sabes que suerte tiene mi mujer, Pepe!

—*¿Qué dices, Manolo?*

—Mira. Salió a la calle y se encontró una sortija de oro casi nueva y para colmo ¡era de su medida!

—*¡Joder!*

—Y el otro día salió con sus amigas y regresó con un abrigo de visón a su medida.

—*¡No es posible!*

—Pues no para ahí la cosa. Ayer llegó un recadero con un juego de ropa interior de París, para mi mujer, que le viene que ni pintado.

—*¡Eso sí que es suerte!*

—Pues lo último que ha encontrado es un vestido que le está de maravilla.

—*Oye, ¿no será que se compra esas cosas y no quiere decírtelo?*

—¡Qué va! Tiene suerte y eso es todo. Yo, sin embargo... Fíjate que desgracia: el otro día me encuentro unos calzoncillos encima de mi cama, y me están grandes.

MUY JUNTITOS

Una señora llama a su veterinario por la noche con tono desesperado.

—*Doctor, mis perritos se han puesto a hacer el amor y ahora están pegados, ¿qué puedo hacer?*

—Pégueles con una escoba —le dice el veterinario y cuelga.

Diez minutos más tarde vuelve a llamar la mujer.

—*Doctor, les he pegado y nada. ¿Qué hago?*

—Tíreles un balde de agua fría —le responde y cuelga.

Diez minutos más tarde vuelve a llamar la mujer.

—*Tampoco el agua los separa, ¿qué hago, doctor?*

—Dígale al perro que lo llaman por teléfono.

—*¿Y usted cree que eso dará resultado?*

—En el caso del perro, no lo sé. Pero conmigo ha surtido efecto *las tres veces que me llamó.*

Sexo chiquitito

Formulario.
Nombre: *Cristina Perales del Olmo.*
Edad: *14 años.*
Sexo: *Nada todavía.*

Polvito de nena

—Mamá, ¿puedo hacer el amor con mi amiguita?
—*No.*
—¿Por qué no, mamá?
—*Porque no. ¡Y basta, María!*

Sin servicio

—¿Pero qué estás haciendo con tu abuela, desgraciado? —pregunta el padre escandalizado.
—*Vos tenés la culpa* —le responde el niño—, *si tuvieras un empleo decente podrías pagar una mucama.*

Con servicio

—¿Cómo te llamás?
—*Paula.*
—Edad?
—*15.*
—¿Cuál fue el día más feliz de tu vida?
—*Una noche.*

¡MILAGROS!

Una pareja de ancianos norteamericanos estaba presenciando por la televisión un insólito programa en el que aparecía un curandero que aseguraba ser capaz de curar a todos los enfermos.

—*Ahora, amigos, voy a hacer algo por todos los que están presenciando este programa: pongan una mano sobre el televisor y la otra mano sobre la parte del cuerpo que tengan enferma.*

La mujer pone una mano sobre el televisor y otra sobre su corazón.

Mira a su marido, y ve que el hombre ha puesto una mano sobre el televisor y la otra sobre su entrepierna.

—Vaya, querido, no has entendido bien a este hombre: ha dicho que *cura a los enfermos*, no que *resucita a los muertos*.

No es lo mismo

*No es lo mismo *huevos de araña*
que *aráñame los huevos*.

*No es lo mismo *una honda pena*
que un *pene que ahonde*.

*No es lo mismo *un verano caliente*
que ponerse *caliente por ver un ano*.

*No es lo mismo *meto tela*
que *te la meto*.

134

*No es lo mismo el que *se apoya para levantarse*
que al que *se le levanta la polla.*

*No es lo mismo *¿qué te tomás?*
a qué *tetonas.*

OPERACION

Estaban dos perrazos en la consulta del veterinario
y, para matar el tiempo, uno le preguntó al otro:
—*Pero, ¿por qué tenés la mirada tan triste?*
—Porque me van a someter a una cirugía, me van a
capar...
—*¿Cómo? ¿Qué ha pasado?*
—Pues que el otro día, cuando mi dueña me sacó a
pasear, se detuvo a charlar con una vecina que llevaba una perrita sensacional: peludita, bien puesta,
simpática y cordial.
—*¿Y?*
—Que no pude contenerme. Cuando las dos mujeres se despidieron y la perrita de mis sueños comenzó a alejarse, salí corriendo tras ella arrastrando
por el suelo a mi dueña y barriendo con todo lo que
se me ponía enfrente. Alcancé a la perrita y le hice
el amor con desenfreno después de derribar y mor-
der a su dueña, que intentaba impedirlo. Y ya ves,
aquí estoy, a punto de ser capado.
—*¡Uy!, pues a mí me pasa algo similar.*
—*¿Sí? ¿Y tú qué hiciste?*
—*Resulta que el otro día mi dueño se metió en la ducha
delante de mí, y cada vez que se le caía el jabón me mos-
traba sus partes más impúdicas. Como vos, no pude contenerme. Rompí la cadena, tiré los muebles, me lancé so-*

135

bre mi amo y, como vos, no descansé hasta que le hice fre-
néticamente el amor...
—Ya, y también te van a capar por eso.
—*¡No!, a mí sólo me van a cortar las uñitas de las patas*
delanteras.

Sapiencia

El gallego presumía ante su amigo de los conoci-
mientos que había adquirido últimamente en la es-
cuela nocturna.
—*¿Sabes quién es Einstein?*
—Ni idea...
—*El que inventó la teoría de la relatividad. ¿Y sabés*
quién fue Newton?
—¡Qué va!
—*Pues el que descubrió las leyes de la gravitación uni-*
versal.
—¿Y todo eso te lo enseñan en las clases nocturnas?
—*Sí, yo no quería seguir siendo tan ignorante como tú.*
—Bueno, ya que sabes tanto, ¿sabés quién es Pepe
Pérez?
—*Pues... creo que no. ¿Quién es?*
—¡El que se acuesta con tu mujer mientras estás en
la escuela, so gilipollas!

Precavido

Llega el repartidor de gas a una casa en donde hay
un perrazo y no se atreve a entrar. En eso, la dueña
asoma por la ventana y le dice:
—*Pase, pase...*

—Pero... ¿está bien sujeto el perro?

—*No, pero está capado.*

—Ya, pero a mí no me importa que me viole, me aterroriza que me muerda.

SEXOLOGÍA

El sexólogo le aconseja al anciano gallego recién casado:

—Me duele decírselo, pero su joven esposa necesita a otra persona joven que la equilibre sexualmente.

—*Pues bueno... si usted lo aconseja, es que así debe ser.*

Un año después, el sexólogo se encuentra con el anciano y le pregunta:

—¿Cómo le ha ido mi consejo?

—*Muy bien, mi mujer ha tenido un niño precioso...*

—¿Y qué piensa de todo ello la otra persona?

—*¿Qué persona?*

—La persona joven que debía equilibrar sexualmente a su mujer

—*Ah... también la dejé muy contenta, ella ha tenido otro niño precioso...*

DIVORCIO

La mujer le dice a su abogado:

—Quiero conseguir el divorcio antes de que suceda una desgracia, mi marido y yo somos gente civilizada, pero ya se sabe, la infidelidad engendra celos, los celos violencia y la violencia tragedia...

El abogado medita un poco, y le pregunta a su clienta:

—¿Y está segura de la infidelidad?
—¡Segurísima! Pero él todavía no me ha descubierto.

REVOLUCION

Esta es una vieja historia.
Sucedió a principios de la década del 60.
Después de la Revolución Cubana, el nuevo gobierno prohibió el tráfico de mercancías para evitar la especulación.
Fue por eso que un comandante ordenó:
—A partir de hoy le meteremos por el culo la mercancía a los especuladores.
Un cubanito, desconocedor de la orden, cargó su camión con bananas y se dirigió a La Habana; dos horas más tarde era detenido por los militares revolucionarios que lo sometieron a la terrible tortura.
De pronto, cuando le estaban metiendo la décima banana, el cubano empezó a reírse frenéticamente.
—¡Alto! —gritó el comandante—. *Vamos a ver, ¿de qué se ríe, camarada, es que se ha vuelto maricón?*
—No, mi comandante, es que me acabo de acordar que mi compadre viene con un cargamento de sandías.

TIMIDA

—Roberto, mi amor, apagá la luz por favor. No me gusta que me vean cuando hago el amor, ¿sabés?
—*Tá bien, Beba, pero que conste que fuiste vos la que me invitó a esta orgía.*

AUSCULTADA

Una mina hermosísima espera desnuda en la consulta del cirujano plástico.
Al poco tiempo entra un hombre vestido de blanco.
—*¿Está listo para revisarme?*
El hombre de blanco se encoge de hombros y se pone a revisarla minuciosamente.
Después de unos minutos, ella le pregunta:
—*¿Cree que necesitaré cirugía plástica?*
—Eso pregúnteselo al doctor. Yo vine a pintar las paredes del baño.

DOS POR UNO

Manolo le dice a su psicólogo:
—Doctor, algo no funciona dentro de la cabeza de mi esposa: cada vez que hacemos el amor me pide diez mil pesetas...
—*Sí que es raro, sí.*
—A los demás sólo les pide cinco mil.

MUY IMAGINATIVO

—Mi marido el Manolo está saliendo con otra, seguro.
—*¿Qué te hace pensar eso, Pilarica?*
—Pues..., que cada *tres o cuatro meses me viene* con una nueva posición.

Mal momento

—Estoy embarazada.
—*¿Puede saberse de quién?*
—De Pepe...
—*¿Y cómo ha sido eso, Paquita?*
—Pues..., me estaba enseñando a conducir y de pronto me dijo: "*¡Desembraga!*", yo me quité las bragas y... bueno... imagínate.

Gallefeo

—¿Y cómo es que te dejaste hacer el amor por Paco? Es tan feo.
—*Porque él me dijo, cuando me invitó a su apartamento, que no me follaría ni nada.*
—Y entonces, ¿a qué fuiste a su apartamento?

¡Qué quilombo!

Bernardito, 18 años, recién egresado de la secundaria, decide pasar una noche inolvidable.
Con un grupo de amigos va al prostíbulo más grande de la ciudad.
Antes de elegir con quién pasará la noche, decide tomar un par de tragos para entonarse.
Cuando llega al bar del prostíbulo, encuentra a su padre bebiendo un whisky junto a la barra...
Blanco, demacrado, el muchacho se acerca.
—*Papá, ¡¡¿qué hacés vos acá?!!*
—¡Qué sé yo! Por tan poca plata, *¿para qué molestar a tu madre?*

TRES POR SEMANA

Dos ancianos judíos conversaban en el bar:
—Fishman ya tiene ochenta y seis años y mantiene relaciones con su mujer tres veces por semana.
—*No puedo creerlo.*
—¿Ah no? Preguntale a la señora Fishman y a sus tres hermanos, que están siempre allí.
—*¿Y por qué están los tres hermanos de la señora, allí?*
—¿Y quién dijo que Fishman quiere?

¡QUÉ CAMISA, BOLU!

Un muchacho compró una camisa nueva.
Al abrirla encontró una nota enganchada con un alfiler que tenía el nombre y la dirección de una chica.
Decía: "Por favor, escríbame y envíe foto".
"Esto es un levante", pensó el flaquito.
Le escribió y mandó una foto.
A vuelta de correo recibió una cartita que decía:
"*Sólo fue curiosidad. Quería saber quién era el boludo que podía elegir una camisa tan horrible*".

¡INUTIL!

Rosenfeld llega a su casa con una sonrisa de oreja a oreja y le comenta a su señora muy entusiasmado:
—*No te imaginás la pichincha que compré: cuatro neumáticos de poliéster reforzado, radiales y extrafuertes.*
—¿Estás loco? —le gritó la mujer—. ¿Para qué compraste neumáticos si ni siquiera tenemos auto?
—*¿Y qué importa? ¿Acaso vos no te comprás corpiños?*

HOBBY Y SEXO

—¿Cuáles son sus hobbies preferidos?
—*La caza mayor y las mujeres.*
—¿Y qué es lo que caza?
—*Mujeres, sólo mujeres.*

UN VERDADERO FORRO

Un tipo entra en una farmacia:
—Buenas. Quiero comprar medio forro.
—*No le puedo vender medio forro.*
—Mire, insisto. Vaya y consulte a su jere.
El empleado va a la trastienda y le informa a su jefe:
—*Ahí afuera hay un pelotudo que quiere comprar medio forro.*
Justo en ese momento, el vendedor advierte por un espejo que el cliente está detrásde él.
Veloz, con grandes reflejos, el empleado agrega:
—*Y aquí, este caballero quiere la otra mitad.*

SEXOS FUERA

Tres abuelas jugaban a las cartas en un hotel de vacaciones. Se les acercó una cuarta.
—*Sentáte, querida, nos alegra mucho que te unas a nosotras. Hay ciertas reglas que cuidamos mientras jugamos.*
—¿Qué reglas?
—*Primero: no hablamos de nuestros hijos. Todas tenemos ʿios médicos, psicoanalistas, abogados...*
  ꞵué más?
    ꞏndo, no hablamos de nuestros nietos, todas tene-*

mos nietos maravillosos. Y tercero, no hablamos acerca de sexo: ¡lo que pasó, pasó!

¡AH, ME OLVIDABA!

La madre a su hijo de l4 años.
—¿Alguna novedad importante hoy en el colegio?
—*No... ninguna.*
Pasan unos segundos.
—¡Ah, sí! Hoy aprendí algo en el colegio. En las duchas, después de clase de gimnasia, he aprendido que *soy homosexual.* ¿Me pasás las papas, por favor?

HIJA DE UNA GRAN...

Carta a una revista de consultas sexuales.
"Tengo una hija de dieciséis años que no bebe, no fuma, no consume drogas ni sale por la noche. No está embarazada y saca matrículas de honor en todo. ¿Me puede decir alguien *en qué acertamos*?

HAY QUE ESTAR MAS ATENTO

Mi mujer siempre está quejándose de que no tiene nada que ponerse.
—¿Y?
—Yo no le hacía el menor caso hasta que vi su foto en las páginas centrales del Playboy.

Asentado

—¿Por qué el casamiento es como un asiento de inodoro?
—*No sé.*
—Porque allí no te la pasás del todo mal, pero nunca sabés quién estuvo ahí antes que vos.

Ninfomania

—Tenía una amiga que era una verdadera ninfómana.
—*¿Por?*
—Porque se sentaba arriba de la nariz de Pinocho y decía: "*¡Mentí, mentí, mentí!*".

A gran velocidad

El tipo entró en el restaurante.
Vio que una de las camareras estaba buenísima e inmediatamente la invitó a pasear en coche.
La mujer le dijo que sí, que esperara una hora y que se encontrarían afuera.
La chica subió al coche, él arrancó y llegaron hasta las afueras del pueblo.
El detuvo el coche.
—*¿Querés coger, nena?*
—Habitualmente no lo hago nunca en la primera cita. ¡Pero usaste *unas palabras tan dulces!*..

Vibrador

—¿Qué usa un elefante como vibrador?
—*No sé.*
—Un epiléptico.

El hilito

—¿Por qué los tampax tienen hilito?
—*Ni idea.*
—Para poder usarlo como hilo dental después de comer.

¿Y ésto qué es?

—¡Papá, papá! ¿Qué es un travesti?
—*Nada que te importe. No te distraigas y ¡terminá de desabrocharme el corpiño!*

¿Cuantos?

—¿Cuántos gays hacen falta para cambiar una lamparita?
—*No sé.*
—Cuatro. Uno para enroscar la lamparita, y tres para gritar: "*¡Fabulossso!*".

Viooolaaaaciooon

—¿Se enteraron de los dos homosexuales que violaron a una chica en pleno San Francisco?

—*No*.
—Pues sí. Mientras uno la sostenía el otro le hacía *un peinado magnífico*.

LENGUARAZ

—¿Qué es esto?
(Saque la lengua)
—*No sé*.
—Una lesbiana con una erección.

¡QUÉ CRUZ!

—¿Cuál es la diferencia entre circuncisión y crucifixión?
—*No sé*.
—En la circuncisión no arruinan a *todo el judío*.

¡PERFECTO!

—¿Qué es un amante perfecto?
—*No sé*.
—Un tipo con una lengua de 25 centímetros que puede respirar por las orejas.

VACA LECHERA

La hija del estanciero tenía tres pretendientes.
El estanciero no se la quería dar a cualquiera. Por lo tanto, propuso:

—La mano de mi hija será para aquel de ustedes que pueda permanecer más tiempo cogiendo con la vaca.

Los tres aceptaron.

El primero estuvo *30 minutos*.

El segundo casi, casi alcanzó a estar *una hora*.

Pero el tercero se pasó casi *toda la noche fifando* con la vaca.

—*¡Muy bien, muchacho! ¡Mi hija es tuya!*

—¡A la mierda, con su hija! ¿Cuánto quiere por la vaca?

UNA VIDA DE PERROS

Un grupo de científicos decidió realizar un experimento *verdaderamente notable*.

Los profesionales querían saber si podían comprobar que las mascotas de las personas terminaban teniendo *los mismos hábitos que sus dueños*.

Llevaron al laboratorio al perro de un matemático, al de un ingeniero y al de un actor argentino.

Primero ensayaron con el perro del matemático.

Encerraron al perro en una habitación con una pila de huesos y cerraron la puerta.

Media hora después, abrieron la puerta y el perro había *arreglado los huesos en progresión aritmética: uno, dos, tres, cuatro...*

Luego, dejaron en el cuarto cerrado al perro del ingeniero durante media hora.

Cuando los científicos regresaron encontraron que el perro había construido un *modelo en escala de un puente con los huesos*.

Excitadísimos y para terminar de confirmar sus teorías acerca de los perros que terminaban teniendo los hábitos de sus dueños, los científicos metieron en el cuarto al perro del actor.

No tuvieron que esperar: *el perro del argentino se comió inmediatamente todos los huesos, se cogió a los otros dos perros y pidió irse a su casa bien temprano.*

UNA GRAN PÉRDIDA

—¿Sabe, doctor? He tenido problemas últimamente. Cada vez que me corto, aunque sea un corte chiquitito, tarda muchísimo tiempo en parar de sangrar.

—*¡Hummmm, qué interesante, señorita! Dígame: ¿cuánto pierde usted cada vez que tiene la menstruación?*

—Y... calculo que unos *2.000 dólares por semana.*

MONJA AL AGUA

Una monja joven, bastante inocente, fue enviada a una parroquia en el campo.

El primer sábado el cura le preguntó si quería ir a nadar.

—*Es que yo nunca fui a nadar antes.*

—¿Ah! No importa, yo te daré lecciones.

Ya en la piscina le dio las primeras instrucciones.

Se metieron en el agua, estuvieron tonteando unos minutos hasta que la monjita dijo:

—*Padre, ¿realmente me voy a ahogar como me dijo si usted me saca los dedos del culo?*

Una viuda rica que tenía un chico de 8 años, se volvió a casar con un argentino bastante joven y pintón que le quería sacar el dinero y deshacerse del chico.
Sin embargo, se portaba muy bien con él: lo sacaba a pasear y, aparentemente, le tenía un gran afecto.
Un día le preguntaron al chico qué opinaba de su padrastro y contestó:

—*Es muy buena persona y nos divertimos mucho. Por las mañanas me lleva al lago, nos subimos a un bote, remamos hasta el centro del lago, él me pone en el agua, entonces él vuelve a la orilla con el bote y entonces yo vuelvo nadando.*

—¿Y eso te gusta?

—*Sí, porque me sirve de ejercicio.*

—¿Nunca tuviste problemas para regresar a la orilla?

—*No, porque soy un buen nadador. Lo único que a veces me cuesta un poco de trabajo es desatarme y salirme de la bolsa en la que él me mete.*

Vida licenciosa

Un borracho subió a un colectivo.
Olía a whisky, a tabaco, y a perfume barato.
No podía mantenerse parado.
En un frenazo del colectivo, cayó sobre un asiento junto a un cura.
El borracho miró al cura que leía el diario y le preguntó:

—*Dígame, padre. ¿Qué es lo que provoca la artritis?*

El cura cerró su diario lo miró fijamente y respondió:

—La vida amoral. Demasiado licor, fumar, y estar en contacto con mujeres perdidas.

—*¡Hum! ¡Entonces estoy jodido!*

Continuaron en silencio durante un rato largo.

El cura comenzó a sentirse culpable por su reacción casi violenta hacia el hombre que, obviamente, necesitaba compasión cristiana.

Volvió hacia él y le dijo:

—Lo siento, hijo mío. No quise ofenderte. Dime, ¿cuánto hace que tienes esta terrible enfermedad de la artritis?

—*Yo no tengo artritis. Leí en su diario que el Papa tenía artritis, por eso le pregunté.*

MAS BORRACHOS

El borracho está en el restaurante.

De repente siente unas enormes ganas de mear.

Se va a la zona de los baños, se abre la bragueta, empuja la puerta y descubre que ha entrado en el baño de las mujeres.

La tipa que está *sentada en el inodoro* grita histéricamente:

—¡Esto es para señoras! ¡Esto es para señoras!

El borracho se sacude la pija y dice:

—*¿Y esto para quién te creés que es?*

DE CAZA

El cazador vivía en una zona montañosa.

Un día decidió ir a comprar una mira telescópica para su rifle.

Bajó hasta la armería del pueblo.

El armero le ofreció su mercadería.

—*Esta mira telescópica es buenísima. Mire: podría ver desde aquí el número de la chapa de mi casa que está en la colina.*

El cazador observó a través de la mira telescópica y empezó a reírse.

—*¿Qué le resulta tan divertido?*

—Es que veo una mujer y un hombre completamente desnudos a través de la ventana.

—*Pero eso no puede ser, mi mujer está en el trabajo...*

Agarró la mira telescópica, miró y comprobó que el cliente tenía razón.

Furioso, devolvió el rifle al cazador y dijo:

—*Le regalo la mira telescópica si con estas dos balas le dispara a mi mujer en la cabeza y después le dispara a la pija de ese hijo de puta.*

El cazador, mirando a través de la mira, contestó:

—Creo que, en este momento, podría hacerlo *con un sólo tiro.*

ACTRICES

Dos actrices charlaban en un ensayo.

—*Me aseguré las tetas por 1.000.000 de dólares.*

—¡Hum, te felicito! ¿Y qué hiciste con el dinero que te dieron?

LAS PREGUNTAS DE LOS NIÑOS

Juancito tenía cinco años.

Una noche entró sorpresivamente al dormitorio de sus padres.

Estaban haciendo el amor.

Juancito se puso muy nervioso.

Su papá se levantó, lo acompañó hasta su cuarto y le dijo:

—Mirá, Juancito, papá y mamá estaban haciéndote un hermanito.

Dos días más tarde el padre llegó a su casa y encontró a Juancito llorando histéricamente.

—¿Pero qué te pasa, hijo?

—*¿Te acordás del hermanito que me estaban haciendo el otro día? Bueno, esta mañana vi que el cartero se lo estaba comiendo.*

COSAS DE BORRACHOS

Dos borrachos en el bar.

Ya era de madrugada.

—*¡No sabés cómo odio volver a casa a esta hora!*

—¿Por qué?

—*Lo único que quiero es llegar a casa, meterme en la cama y dormir.*

—¿Y por qué no lo hacés?

—*Porque mi esposa se despierta y empieza a putearme, reclamarme y a insultarme durante horas.*

—Pero lo que pasa es que vos hacés las cosas mal.

—*¿Por qué?*

—Yo llego, golpeo la puerta y grito: "*¡Querida, cojamos!*"

Es milagroso. Apenas escucha "*¡cojamos!*" se hace la dormida.

¡BLANCA Y RADIANTE!

Reunión informal del Ku-Klux-Klan.
Contaban sus experiencias en el ejército.
—*Yo estuve destinado en una remotísima base de Alaska.
Allí me tuvieron durante más de un año.*
—Y decíme, ¿había mujeres por allí?
—*Sólo osos polares.*
—¿Sólo osos polares?
—*Sí. Y gracias a Dios ¡todos eran blancos!*

NUDISTAS

—¿Qué es lo que más le gusta a una ninfómana que
acaba de asociarse a un club nudista?
—*No sé.*
—Entrar en contacto con *nuevos miembros.*

SEDUCIDA Y ABANDONADA

El ejecutivo le pregunta a su nueva y devota secre-
taria:
—*Dime, querida. ¿Qué harías si te encontraras embara-
zada y abandonada?*
—¡Eso sería horrible! ¡Creo que me mataría!
—*¡Buena, chica! ¡Buena, chica!*

OLORES

—Mire, doctor. Yo no sé qué pasa, pero todo el
mundo dice que mi vagina huele muy mal. Le puedo asegurar que no es así.

—*Bueno, vamos a examinarla.*
El médico la examina:
—*Me temo que necesita una operación.*
—*¿En la vagina?*
—*No, en la nariz.*

COMIDA PARA PERRO

La mujer entró en la veterinaria.
—*Déme una caja grande de comida para perros.*
—¡Pero si usted no tiene perro!
—*¡Ah, no... es para mi marido!*
—Pero usted no le puede dar comida para perro a su marido. Esta comida puede matarlo.
—*He estado dándole esta comida durante las últimas tres semanas y ¡le encanta!*
Durante varios meses la mujer compró la comida para perro en la veterinaria.
Un día el veterinario se enteró de que el hombre había muerto.
Cuando la mujer, a la semana siguiente, fue a la veterinaria el hombre le dijo:
—Siento muchísimo lo de su marido, pero ¿vio? Yo le había advertido que no tenía que darle comida para perros porque iba a matarlo.
—*No, pero no fue la comida para perros lo que lo mató. Murió porque se rompió el cuello tratando de lamerse las bolas.*

UN LUGAR DE MIERDA

El cliente del motel fue al mostrador de recepción y gritó:

—¿Qué clase de lugar de mierda es éste que usted administra?

—¿Cuál es el problema, señor?

—Fui a mi cuarto, cerré la puerta, cuando me di vuelta había un hombre apuntándome con un revólver y me dijo que me arrodillase y me obligó a que le chupase la pija porque sino iba a desparramar mis sesos por toda la habitación.

—¡Oh, mi Dios! ¿Y usted, qué hizo?

—¿Escuchaste algún tiro, pelotudo?

PARA LIMPIARSE

Un automovilista paró en un restaurante en medio del campo. Almorzó.

Después de tomar el café, sintió muchísimas ganas de ir al baño.

Le indicaron que quedaba en la parte de atrás del restaurante. Era una pequeña casilla prefabricada en medio de un pastizal. Fue y cuando terminó de cagar descubrió que no había papel higiénico.

Pero había un cartel en la pared que muy claramente decía:

"Límpiese el culo con sus propios dedos y luego meta los dedos en este agujero. Verá que sus dedos serán limpiados con mucha atención".

Perdido por perdido, siguió las instrucciones. Metió sus dedos en el agujero.

Del otro lado de la pared había un muchacho con unas tenazas que le apretó los dedos de una manera fortísima.

Gritando de dolor y de sorpresa, el hombre retiró la

mano de los agujeros *y se metió los dedos lastimados en la boca.*

Buenos vendedores

Dos propietarios de unos almacenes de ramos generales se encontraron en el bar.
—*¿Cómo hacés para vender tantas cortadoras de césped?*
—Mirá: es cuestión de viveza. Cuando alguien viene a comprar semillas de césped yo le hago notar que el césped va a crecer y finalmente necesitará una cortadora de césped. Ese tipo de trabajo de venta da muy buenos resultados.
El otro tipo quedó deslumbrado. Y decidido a seguir el consejo de su amigo.
A la mañana siguiente, cuando abrió el almacén, su primer cliente era una mujer que le pidió una caja de tampones.
—*Sírvase: aquí tiene los tampones. ¡Ah! A propósito: tendría que llevarse una cortadora de césped.*
—¿Y por qué iba yo a necesitar una cortadora de césped?
—*Bueno, como en estos días no va a poder coger, bien podría cortar el césped, ¿no?*

Se las voy a cortar

Tres muchachitos van de excursión a un bosque.
Los sorprende la noche.
Piden refugio en un enorme castillo.
Los atiende *un tipo siniestro* que los hace pasar y los mete en una habitación.

Bastante intrigados, empiezan a revisar el cuarto.

Uno de ellos abre un inmenso armario y descubre que dentro del armario, que mide cuatro metros, hay una enorme colección de penes.

Penes largos, cortos, penes de todos los colores.

Penes humanos, claro.

Mientras están observando la colección aparece el siniestro personaje.

—¡Ja, ja, ja! ¡Han caído ustedes en mis manos! Quienes entran en esta casa pierden su pene. Esta colección la he armado con otras personas que han llegado aquí a pedir asilo como ustedes.

—¡Oh, no!

—¡Pero no puede ser!

—¡Esto es horrible!

—Pero tienen la suerte de que les voy a cortar el pito de acuerdo con la profesión de sus padres. A ver, vos. ¿Qué hace tu padre?

—Mi papá es carnicero.

—¿Ah, sí?

El tipo agarró un enorme cuchillo y antes de que pudiera darse cuenta el muchacho, le cortó el pene.

—A ver, vos. Vení para acá. Tu padre, ¿qué hace?

Aterrado el muchacho constestó:

—Mi papá, es car... car... carpintero.

El tipo siniestro agarró un enorme serrucho y en tres segundos le cortó la pija al muchacho y la colgó en la pared. Se dio vuelta y se dirigió al tercer chico, que en ese momento estaba muriéndose de risa.

—¿Y a vos qué te pasa? ¿De qué te reís?

—Mi papá fabrica helados. Vas a tener que chupár-mela hasta que se gaste.

Problemas urinarios

El viejito de 70 años fue a visitar a su médico.
Se quejaba de tener algunos problemas.
—*¿Orina bien?*
—Todas las mañanas a las 7 en punto.
—*¿Y mueve el vientre?*
—Todas las mañanas a las ocho en punto.
—*Eso es bueno. Usted es una persona muy regular. Dígame, ¿cuál es el problema, entonces?*
—El problema es que yo me levanto *recién a las nueve*, doctor.

Gordura

—¿Cuándo comprobás que tu mujer está realmente gorda?
—*No sé.*
—Cuando se queda dormida en la playa y cuatro salvavidas tratan de devolverla al océano.

Amante y esposo

—¿Cuál es la diferencia entre esposo y amante?
—*No sé.*
—La diferencia entre dos minutos y una hora.

Respuestas y pregunta

—¿Qué pregunta corresponde a estas tres respuestas: l) la separación de las aguas del Mar Rojo; 2) la

conversión del agua en vino, y 3) mi esposa pregunta: "¿Querés que te chupe la pija?".
—*No sé.*
—La pregunta fue: *Nombre tres milagros.*

¡QUÉ SERÁ?

—Estoy anonadada, María Eugenia.
—*¿Qué te pasa, Elisa?*
—Vos sabés que me pasó algo extraordinario.
—*¿Qué?*
—Hace un mes apareció un tipo en la puerta de casa. Tocó el timbre. Yo abrí. El me preguntó: "¿Está su marido en casa?".
Yo le contesté que no. Inmediatamente me violó. Esto se repitió todos los días. "¿Está su marido en casa?". Yo le contestaba que no y él me fifaba hasta cansarse.
—*¿Y?*
—Y... Yo me pregunto: *¿qué tendrá este hombre con mi marido?*

LA MAQUINA DEL SEXO

El ejecutivo llegó a un hotel bastante moderno.
Al día siguiente tenía una reunión muy importante.
Pensó que necesitaba que lo afeitasen y cortasen el pelo.
Estar más presentable. Llamó a la conserjería y preguntó si podían mandarle un peluquero.
—*Me temo que no podremos complacerlo, pero en el hall hay una máquina que podría servirle bastante.*

160

El ejecutivo estaba bastante escéptico con respecto a esa máquina pero también estaba intrigado, así que bajó y metió una ficha, como indicaba el cartelito. Metió su cabeza en la abertura y la máquina empezó a zumbar y a moverse rápidamente.

Quince segundos más tarde el ejecutivo sacó la cabeza del agujero, se miró en el espejo y comprobó que la máquina le había hecho *el mejor corte de pelo de toda su vida.*

Unos metros más allá había otra máquina con un cartel que decía:

"Se hace la manicura. Eche una ficha"

—¿Por qué no? —pensó el ejecutivo.

Puso la moneda.

Metió la mano en ambos agujeros. Diez segundos después tenía las manos perfectamente manicuradas.

Dos metros más allá había otra máquina con un gran cartel donde podía leerse:

"Esta máquina hace lo que el hombre más necesita cuando está lejos de su esposa. Eche dos fichas".

El ejecutivo miró hacia ambos lados. Metió las dos fichas. Se bajó el cierre relámpago de la bragueta y metió la pija en el agujero. Cuando la máquina comenzó a zumbar y a moverse el tipo sintió un dolor terrible cercano a la agonía.

Quince segundos más tarde, con manos temblorosas, extrajo su pene...

En la punta tenía perfectamente cosido un botón.

PUBIS DENTAL

—¿Qué es un empresario verdaderamente emprendedor?

161

—*No sé.*
—Un tipo que le arranca a su mujer el pelo púbico y lo vende como *hilo dental orgánico.*

FASO Y SEXO

—¿Cuán peligroso es el sexo en estos días?
—*No sé.*
—Mirá cómo será de peligroso que resulta más seguro ir directamente al cigarrillo de "después".

COMANDO GAY

—¿Oyeron hablar del nuevo comando gay del ejército de los Estados Unidos?
—*No.*
—Bueno, se llaman los boinas rosas.
—*¿Ah, sí? ¿Y cuál es su misión?*
—*Infiltrarse en la retaguardia del enemigo.*

UNA GRAN ERECCION

Un tipo tenía una infección crónica y su urólogo le dijo:
—*No hay manera de que usted salve su sexo, vamos a tener que operarlo.*
—Pero, ¿qué me van a hacer?
—*Se trata sólo de una circuncisión de rutina, no se preocupe.*
La operación se realizó con anestesia general y cuando el hombre salió de la anestesia, vio que a su alrededor había una docena de médicos.

—¿Qué ha sucedido, doctor?

—*Bueno, hemos tenido algunas complicaciones. Me temo que en lugar de hacerle la circuncisión hemos tenido que hacerle una operación de cambio de sexo. Usted ahora tiene una hermosísima vagina en lugar de pene.*

—¿¿¿Qué??? ¡Quiere decir que nunca más experimentaré otra erección?

—*Seguro que la experimentará. Pero será la de otro.*

Muy chiquititas

—¿Conocen el título de la última película de Woody Allen?

—*No.*

—Se llama "Encuentros cercanos en tercer grado"

Arriba y abajo

Tres mujeres en la sala de espera del ginecólogo discuten acerca del sexo de sus bebés. La primera dice:

—*Cuando hicimos el amor con mi marido para tener el bebé yo estaba encima y él abajo, así que vamos a tener un varón.*

La segunda dijo:

—Bueno, yo estaba abajo, así que seguramente vamos a tener una nena.

Y la tercera exclamó:

—*¡Carajo! Supongo que nosotros vamos a tener un perrito...*

Esponja

—¿Por qué la nueva esponja anticonceptiva es una idea tan buena y útil?
—*No sé.*
—Porque después de coger la mujer puede sacársela y lavar los platos.

Bien adentro

Un tipo llama a su médico en medio de la noche.
—*Doctor, tengo un problema horrible. Un ratón se ha metido en la vagina de mi mujer.*
—Voy inmediatamente para ahí. Mientras tanto, agarre un pedazo de queso y póngalo cerca de la vagina de su esposa. Tal vez el ratón tenga hambre y salga solo.
Cinco minutos después llegó el doctor y vio que el tipo sostenía un pedazo de pescado cerca de la vagina de su esposa.
—¡Pero le dije que pusiera un pedazo de queso para que saliera el ratón!
—*Ya lo sé. Pero primero tengo que hacer que salga el gato, ¿no?*

Hombre o mujer

Un hombre y una mujer discutían acerca de quién disfrutaba más del sexo. El hombre dijo:
—*El hombre, obviamente, disfruta más el sexo que la mujer. ¿Por qué creés sino, que nosotros estamos siempre obsesionados por coger?*

—Eso no prueba nada —dijo la mujer—. Piensa en esto, cuando te pica un oído vos metés el dedo para rascarte. Sacudís el dedo. Cuando lo sacás, *¿quién se sintió mejor, el oído o el dedo?*

COGER FUERZA

—Doctor, tengo que pedirle un favor.
—*Diga.*
—Usted sabe que soy casado y serio.
—*Lo sé.*
—Bueno, esta vez me pasó algo excepcional. Me levanté tres azafatas. Un amigo me prestó un bulo.
—*¿Entonces?*
—Necesito que me dé algo para que pueda dejar satisfechas a esas tres diosas.
—*Délo por hecho. Tome este frasquito. Contiene veinte píldoras. Son buenísimas. Tómese una cada hora a partir de dos horas antes de la cita.*
El tipo se va con el frasquito.
Cuando faltan dos horas para que lleguen las azafatas, duda.
—¿Y si con una por hora no alcanza?
Decide jugarse entero y se toma todo el frasco de una vez.
Al día siguiente, mientras el médico atendía, oyó un verdadero tumulto en la sala de espera.
Abrió la puerta y allí estaba el tipo de las píldoras.
No podían controlarlo entre ocho.
Babeaba. Se golpeaba la cabeza contra la pared.
—*¿Qué le pasó, qué le pasó?*
—¡No vinieron, doctor, no vinieron!

Samuel Goldstein organizó una pequeña reunión. Celebra los 50 años de éxitos en el negocio de la construcción. Lamentaba delante de sus amigos:

—*Ustedes saben. A través de estos últimos años he construido docenas de enormes proyectos en toda la ciudad. Díganme, ¿me conocen como "Samuel el gran constructor"? No. Durante todos estos años he contribuido con millones de dólares a causas de caridad de todo tipo. Y díganme, ¿me conocen como "Samuel el filántropo"? No, señor. Pero fíjense ustedes. Uno chupa una pequeña pijita y...*

Casi la misma lengua

—¿Qué tienen en común chupar una concha y la mafia?
—*No sé.*
—Si te pasás un poquito con la lengua te vas inmediatamente a la mierda.

¡Brujas!

—¿Qué tienen en común un gay y un tipo que se cree muy macho?
—*No sé.*
—Ambos odian a las mujeres.

Liberacion gay

—¿Por qué nunca hubo una estampilla dedicada a la liberación gay?

166

—*No sé.*
—Porque la mayoría de la gente tendría miedo de humedecerla con la lengua.

LADRONES MARICONES

—¿Cuándo te das cuenta de que los ladrones que entraron a tu casa eran gays?
—*No sé.*
—Cuando te encontrás que todos los muebles han sido reubicados con muchísimo buen gusto.

VEJESTORIO

—¿Cuándo te das cuenta de que estás realmente viejo?
—*No sé.*
—Cuando tu esposa te cree.

¡ME VIOLO!

El conocido profesor universitario llamó a la comisaría.
—¡Oh, comisario! ¡Usted no sabe lo que me ha pasado! Un tipo brutal entró en mi casa.
—*¿Cómo es eso?*
—¡Sí! Entró en mi dormitorio, quitó la manta que me cubría. Me miró, me abrió las piernas, hizo lo más humillante que usted pueda imaginar comisario.
—*Bueno, siga, siga, ¿qué más pasó?*
—El tipo se bajó los pantalones y me mostró el más

increíble pene que yo haya visto jamás.

—*Entonces, ¿qué pasó, profesor?*

—El tipo metió esa enorme cosa en la boca y en ese momento yo entré en estado de shock. Después me hizo girar, me puso boca abajo y me metió su pene hasta que vi las estrellas. Pensé que iba a partirme en dos.

—*¡Eso es terrible!*

—¡Sí! Pero eso no fue todo.

—Cuando terminó de cogerme, meó encima mío y después me hizo beber un poco.

—*Mire, profesor, vamos a hacer una cosa. Mandaré inmediatamente un par de hombres en una patrulla. Usted nos dará una descripción del tipo y saldremos a buscarlo ahora. No puede andar suelto semejante hijo de puta.*

—Bueno, eso no es realmente necesario. El está *en la ducha ahora.* ¿Por qué no me manda esa patrulla mañana por la mañana?

CITA A CIEGAS

El tipo había hecho una cita a ciegas por teléfono.
Cuando llegó a la casa de la mujer y se abrió la puerta, sus peores pesadillas se hicieron realidad: *Ella era paralítica.*
Sin embargo, la llevó a cenar. Después la llevó al cine. Cuando salieron del cine él la llevaba en el auto, comenzaron a conversar, una cosa trajo la otra, y ella le dijo:

—*Bueno, podríamos hacer el amor.*

—¿Y cómo? —preguntó él.

—*Muy sencillo, vamos al parque y me colgás en las hamacas.*

El tipo la llevó al parque que estaba bastante embarrado, la puso en la hamaca y, efectivamente, moviendo rítmicamente la hamaca tuvieron un buenísimo encuentro sexual.

De todos modos él no pudo evitar que ella se embarrara. Volvieron al coche y ella estaba bastante sucia y desarreglada.

Cuando llegaron a la casa de la mujer, abrió la puerta el padre. El hombre estaba bastante molesto porque tendría que darle una explicación al padre, así que empezó diciendo:

—Bueno, verá...

—*Mire no me dé ninguna explicación. Usted se ha portado como un verdadero caballero. Los últimos tres tipos me la dejaron colgada del picaporte.*

Rubia como tu hermana

Cuando los americanos hacen chistes "de rubias" están describiendo a una mujer *muy tonta y muy puta*. Aquí los mejores chistes de rubias.

* —¿Qué dice una rubia después de coger?
—*No sé.*
—¿Todos ustedes son del mismo equipo, muchachos?

* —*¿Cómo enciende la luz la rubia después de coger?*
—Ni idea.
—*Abre la puerta del coche.*

* —¿Por qué la rubia usa siempre pantis?
—*No sé.*
—Para mantener los tobillos calentitos.

* —*¿Qué otra cosa dice la rubia después de coger?*
—No sé.
—*Gracias, muchachos, gracias a todos.*

171

* —¿Qué se pone la rubia detrás de las orejas para atraer a los hombres?
—*Ni idea.*
—Las piernas.

* —*¿Qué dice la rubia cuando el médico le asegura que está embarazada?*
—No sé.
—*¿Está seguro de que es mío, doctor?*

* Las dos rubias se habían juntado el viernes a la noche para tomar unos tragos.
—¿Sabés qué me pasó? Mi novio me mandó una docena de rosas. Ahora me voy a tener que pasar todo el fin de semana con las piernas abiertas.
—*¡Ay!, pero ¿por qué? ¿No tenés florero?*

* —¿Qué tienen en común las rubias gordas y los ciclomotores pequeños?
—*No sé.*
—Ambos son divertidos de montar hasta que te ve un amigo.

* Tres mujeres trabajan en una empresa. El presidente de la empresa quiere promover a una de ellas, pero no sabe a cuál elegir.
Por lo tanto decide hacer una prueba. Un mediodía, mientras las tres están fuera para almorzar, coloca *5.000 dólares en el escritorio de cada una.*
La primera devuelve el dinero al empresario inmediatamente. *La segunda se guarda el efectivo.*
La tercera invierte en la Bolsa y le devuelve 15. 000 dólares a la mañana siguiente.
—*¿A quién le dio el ascenso?*
—A la rubia de las *tetas grandes.*

* El tipo estaba de novio con una rubia impresionante. El médico lo mandó llamar:

—Mirá, tengo buenas y malas noticias para vos. La buena noticia es que tu novia tiene gonorrea.

El tipo palideció.

—*Si esa es la buena noticia, ¿cuál es la mala?*

—No se la contagió de vos.

* —¿Para qué sirve el ombligo?

—*No sé.*

—Para que la rubia tenga dónde poner el chicle mientras coge.

* Charlan dos rubias.

—¿Sabés lo que me está pasando? Cada vez que estornudo tengo un orgasmo.

—*¡No jodas! ¿Y estás tomando algo para eso?*

—Claro: rapé.

* —¿Por qué la rubia perdió su trabajo en el banco de esperma?

—*No sé.*

—La echaron por malversación.

* El tipo volvió del trabajo a su casa y se encontró con su novia rubia sentada en el radiador de la calefacción.

—*¿Pero, qué hacés?*

—¡Te caliento la comida!

* En el cine.

—¡El tipo que está a mi lado se está haciendo la paja!

—*No te preocupes ignóralo.*

—No puedo, ¡está usando mi mano!

* La rubia vieja caminaba por una calle solitaria. De repente apareció un ladrón:

—*¡Déme todo su dinero!*

—Mire, joven, no tengo dinero.

—*¡Déme todo su dinero!*

—Le digo que no tengo dinero.

El ladrón no le creyó le abrió el vestido, le metió la mano dentro del corpiño y empezó a revisar. La rubia vieja le dijo entonces:

—Mire, joven, ya le he dicho que no tengo dinero pero, si usted sigue haciendo lo que está haciendo estoy dispuesta a firmarle un cheque.

* La rubia llegó a su casa y le contó a su mamá:

—*He sido violada por un negro descomunal.*

—¡Rápido, hija, corré a la cocina y tomáte un jugo de limón!

—*¿Eso evitará que quede embarazada?*

—No, pero por lo menos te quitará esa estúpida sonrisa de la cara.

* Dos nenitas rubias salían del jardín de infantes y una le dice a la otra:

—*¿A que no sabés qué encontré en el patio de mi casa?*

—No.

—*¡Un forro!*

—¡Ah!, ¿sí? ¿Y qué es un patio?

* El médico le dice a la rubia que está embarazada. La rubia era realmente bastante ingenua y comenta:

—*Este va a ser mi primer bebé. En realidad, no sé nada sobre bebés. No sé cómo se hace para que los bebés vengan.*

—Bueno, no se preocupe —le dice el médico—. No es muy diferente a la forma en que usted hizo al bebé.

—*¿Eso quiere decir que tendré que coger dos veces en el parque y con las piernas colgando fuera del taxi...?*

* La rubia estaba sentada en la barra del bar. En ese momento entró un tipo, metió la mano en el bolsillo y sacó una ranita. La rubia dijo:

—*¡Oh, qué linda ranita! ¿Cómo se llama?*

—Se llama Bucky.

—*¿En serio? ¿Y qué sabe hacer?*

El tipo se acercó a la rubia y le dijo en tono confidencial:

—Esta ranita chupa conchas.

—*¡Oh, no! No me diga eso. ¿Usted se cree que yo soy una idiota porque me ve tetona y rubia, cree que soy de esas que se tragan cualquier cosa? Pero, ¡por favor! ¡Déjese de joder!*

—Pero no crea eso. No es mentira. En realidad, ni siquiera es una exageración.

El tipo y la rubia estuvieron discutiendo durante un largo rato. Finalmente la rubia accedió a ir a su casa para ver a la rana en acción.

La rubia se desnudó abrió sus piernas, el tipo acercó la rana la vagina de la mujer y dijo:

—¡Okey, Bucky! Haz tu tarea.

La rana ni se movió.

—¡Vamos, Bucky! Haz tu tarea.

La rana permaneció completamente inmóvil.

—¡Vamos, Bucky! ¡Hazlo!

La rana no demostraba el menor interés por lo que tenía delante de ella.

Finalmente el tipo suspiró profundamente, apartó a la rana y dijo:

—Bucky, te voy a mostrar cómo se hace *por última vez.*

* —¿Cómo te das cuenta cuando una rubia está muy estresada?
—*No sé.*
—Cuando tiene el tampón detrás de la oreja y vaya a saber dónde está su lápiz.

* —¿Por qué los tipos no le creen a las rubias?
—*No sé.*
—¿Cómo vas a creer en alguien que sangra durante cinco días y no se muere?

* —¿Por qué las rubias tienen el corazón como el ejército de los Estados Unidos?
—*Ni idea.*
—Porque están abiertas a cualquier hombre que tenga entre 18 y 35 años.

* —¿Cuántas rubias hacen falta para cambiar una lamparita?
—*Ninguna. A ellas también les gusta coger en la oscuridad.*

* —¿Qué es lo primero que una rubia hace a la mañana temprano?
—*No sé.*
—Regresa a su hogar.

Este libro se terminó de imprimir
en los talleres de Editorial Presencia Ltda.
Calle 23 No. 24 -20
Santafé de Bogotá, D.C.
Impreso en Colombia - Printed in Colombia